KB082218

욕망의 인스타그램

발 행 | 2023년 05월 05일
저 자 | 이 동 윤

펴낸곳 도서출판 윤들닷컴
출판사등록 2017.06.01.(제2017-000017호)
주 소 부산광역시 해운대구 선수촌로 146-4, 101-1202
전 화 010-9288-6592
이메일 orangeki@naver.com
ISBN 979-11-92581-07-1

www.yoondle.com
ⓒ 윤들닷컴 2008
본 책은 저작자의 지적 재산으로서 무단 전재와 복제를 금합니다.

instagram, a platform
where human desire is displayed

욕망의 인스타그램

|

이동윤

instagram, a platform
where human desire is displayed

욕망의 인스타그램

|

이동윤

욕망의

인스타그램

—

추천사

"

인스타그램 운영을 고민하는 사람들에게 담백하고 솔직한 정답을 보여준다. 도움되는 인스타그램 운영 사례와 저자의 평소 성격이 반영된 솔직한 글이 이 책의 멋진 장점들이다.

인스타그램 심리학 저자

문 영 호

"

인스타그램을 이용하는 이들의 욕망을 날카롭게 꼬집어내고, 콘텐츠를 등록하는 사람과 관전하는 사람들의 입장을 비교해 효과적으로 인스타그램 채널을 성장시키는 방법을 알려주고 있다.

굴커뮤니케이션 대표
계원예술대 광고브랜드디자인학과 겸임교수
이 언 주

"

시장에 나온 인스타그램 마케팅 책은 다 읽었지만, 이 책은 논리적으로나 실무적으로나 훨씬 더 깊고 많은 내용을 다루고 있습니다. 실무자로서 반박할 여지가 없는 완벽한 책입니다.

인스타그램 해시태그 저자
조 영 빈

"

시중에 판매되고 있는 그 어떤 책들보다 강렬하게 와 닿는다. 이 책은 실제 인스타그램을 전문으로 취급하고 있는 광고대행사의 주니어들에게도 권장하고 싶을 정도로 정확하고 정교한 내용을 담고 있다. 인스타그램의 정수를 담은 이 책을 대한민국 700만 소상공인들에게 추천한다.

제이커브인터렉티브 이사
김 대 웅

"

인스타그램을 통해서 소비자에게 어떻게
메시지를 전달하여 우리가 가진 서비스,
기업제품 브랜드를 홍보해야 할지 전략
수립과 전술이 한꺼번에 있는 비법서 같
은 느낌이라서 다시 한번 이동윤 작가님
은 실행파 마케터이자 작가라는 것을 다
시 한번 알게 해줬습니다.

이커머스 컨설팅그룹 - 노노스 대표
네이버파트너스퀘어, 카카오커머스 공식강사
송 현 숙

목 차

욕망은 아름다운 것입니다

인스타그램을 이해하기 전에 저자는 왜 '욕망의 인스타그램'이라는 드라마 제목 같은 타이틀을 책의 제목으로 선택했는지 이유를 꼭 말하고 싶습니다.

사람들이 사용하는 인터넷 플랫폼, SNS의 연령대별 통계는 다수의 조사기관에서 나온 자료에서도 쉽게 찾아볼 수 있습니다. 이중 인스타그램은 20대가 가장 많이 사용한다고 알려져 있는데, 왜 그런지? 그리고 해당 연령대의 특징이 무엇인지 알아야만 제대로 인스타그램을 이해할 수 있지 않을까 생각합니다.

2023년 기준 인스타그램 연령별 사용 통계

연령	전세계 사용자	대한민국 사용자
13-17세	13%	9%
18-24세	29%	32%
25-34세	30%	35%
35-44세	16%	15%
45-54세	8%	6%
55-64세	3%	2%
65세 이상	1%	1%

출처 : 디지털마케팅랩 http://www.digitalmarketinglab.co.kr

사용 통계를 보면 한국이 글로벌 기준에 비해 18세에서 34세의 인스타그램 사용자 비율이 높게 나오는데, 몇 가지 이유를 찾아볼 수 있습니다.

- 스마트폰 보급률 : 한국은 스마트폰 보급률이 매우 높은 국가로, 인스타그램과 같은 모바일 기반의 소셜 미디어 사용이 활발합니다.

- 인터넷 인프라 : 한국은 전 세계에서 가장 빠른 인터넷 속도를 제공하는 국가 중 하나입니다. 이런 이유로 인스타그램과 같은 소셜 미디어 플랫폼 사용이 증가하게 됩니다.

- 소셜 미디어 문화: 한국의 젊은 세대는 소셜 미디어를 통한 정보 공유, 소통, 콘텐츠 소비 등에 적극적으로 참여하고 있습니다. 이러한 문화적 요인이 인스타그램 사용률에 영향을 미칩니다.

- 셀럽과 인플루언서 활동: 한국의 셀럽 및 인플루언서들이 인스타그램을 활발하게 활용하고 있으며, 팬들과 소통하고자 하는 젊은 세대가 인스타그램을 사용하게 됩니다.

- 광고 및 마케팅: 대한민국 기업들은 인스타그램을 통한 광고 및 마케팅 활동을 활발하게 진행하고 있습니다. 마케팅의 타켓이 18~34세 집중되어 있어서 그 결과 해당 연령대의 인스타그램 사용자들이 늘어나게 됩니다.

이러한 요인들이 종합적으로 작용하여 우리나라에서 18세~34세 연령대의 인스타그램 사용자 비율이 글로벌 기준보다 높게 나타나고 있습니다.

저자는 글로벌 기준이든, 우리나라 기준이든 18세 ~ 34세의 인스타그램 사용자들이 다른 세대에 비해 더 많은 욕망을 인스타그램을 통해 표출한다고 생각합니다. 저자는 이런 현상을 부정적으로 바라보지 않습니다. 욕망을 감춰야 할 부끄러운 것을 생각하지 않고 솔직하게 드러내고 갈구하면서 발전적인 방향으로 나아갈 원동력을 품게 만든다고 생각합니다.

그 어떤 세대보다 SNS를 통해 자신의 욕망을 표출하는 것에 거리낌이 없는 세대, 남보다 나아 보이려는 세대, 과소비를 포함하여 소비에 적극적인 세대, SNS를 적극적으로 소비함과 동시에 스스로 콘텐츠를 생산해 내는 세대, 인플루언서와 셀럽을 부러워하면서 자신도 그렇게 될 수 있다고 노력하고 성취하는 세대

기성세대가 보기에는 일을 하는 것도 아니고, 연예인도 아닌데 유명세를 치르고 돈을 벌고 경제의 한 축을 담당하는 특이한 세상에 사는 사람들이 모여 있는 곳이라고 생각합니다.

이 책을 보는 독자들은 인스타그램을 막연히 잘하고 싶다고 생각하고 있진 않을 것이라 확신합니다. 누구보다도 인스타그램이라는 파도의 흐름을 타고 돈을 벌고, 유명해지고, 브랜드가 성장하고, 회사의 매출이 커지는 방법을 알고 싶을 것입니다.

저자는 돈 버는 방법을 알려드리려고 글을 쓰고 있지 않습니다. 기술적으로 기능적으로 인스타그램을 바라보고 접근하는 시도만 해보셨다면, 결코 여러분이 원하는 목적을 달성하지 못했을 것입니다. 인스타그램을 사용하는 사람들의 마음속에 자리 잡고 있는 욕망을 이해하고, 욕망을 건드리고, 욕망을 채워주고, 그리고 나의 욕망도 채워야 합니다.

욕망은 돈이 아닙니다. 명예도, 성공도, 아닙니다. 인스타그램을 하는 사람마다 모두 다를 것이고, 그것을 드러내기를 주저하고 있지만, 결국 여러분은 이 책을 통해 인스타그램을 어떻게 이해하고, 사람들을 어떻게 바라보아야 하는지 깊게 생각해보게 될 것입니다.

인스타그램을 하는 이유를 찾게 될 것이고, 여러분들이 입 밖으로 내뱉지 않았던 욕망이 무엇인지 정확하게 알게 될 것이고, 그 욕망이 결코 저급한 것이 아님을 알게 될 것입니다.

- 퍼스널브랜딩을 하고 싶은 프리랜서
- 인플루언서가 되어서 협찬받고 싶은 사람
- 그들을 이용해 매출을 올리고 싶은 회사
- 마케팅의 체질을 바꾸고 싶은 중소기업 마케팅 담당자
- 혼자서 모든 것을 해야 하는 대한민국 소상공인
- 브랜드를 키우고 싶은 스타트업 창업자
- 블로그로 글 쓰는 것이 너무 어려운 사람
- 유튜브 영상편집조차 힘든 사람

인스타그램을 마케팅의 마지막 수단이라고 생각하고 있는 모든 분이 인스타그램을 할 것이라면, 지금 한다면, 해봤다가 실패했다면 지금 반드시 봐야 할 내용을 담았습니다.

저자는 인스타그램의 경험과 지식, 노하우를 버무려 실무도서가 아닌, 에세이를 쓰고 싶었습니다. 그래서 책의 어떤 부분은 너무나도 교과서적이고, 어떤 부분은 이런 것을 다 까발려도 되나 싶을 정도로 솔직하게 업계의 비밀들을 말해버렸습니다. 겉만 빙빙 돌며 '그래서 어떻게?'를 말해주지 않는 강의, 책들을 많이 봤습니다. 알고 보면 특별한 노하우가 아닌데, 모두에게 적용되는 방법이 아닌데도 비법서로 포장한 내용은 다루지 않았습니다.

책을 읽어보고 자세하게 알고 싶은 부분은 유튜브에서 검색만 해봐도 나오고, 그런 부분 역시 책에서는 다루지 않았습니다.

문맥상 꼭 이해하고 넘어가야 하는 부분은 유튜브에서 찾기 어렵거나 누구도 영상으로 만들어두지 않은 부분들이라 너무 쉽지만, 굳이 설명하기도 했습니다.

인스타그램에 떡상의 비결은 없습니다. 하지만 떡상하는 계정은 있죠. 왜 그런지, 이제 저자와 함께 알아보도록 하겠습니다.

화려함 속에 숨은
인스타그램의 양면성

이 책을 읽기 전에 인스타그램에 대해 독자와 함께 깊이 생각해보는 시간을 가지고 싶었습니다. 거의 매일 사용하는 인스타그램이 우리 삶에 미치는 영향과 양면성을 이해한다면, 저자가 이 책에서 다루는 인스타그램을 활용하여 우리의 목적을 달성하여, 내 삶에 도움이 되는 방향으로 나아가는 방법들에 대한 이해가 깊어질 수 있을 거라 기대합니다. 교과서적인 내용, 원론적인 내용이라 여기지 마시고 꼭 한자씩 곱씹어 생각해보시면 좋겠습니다.

이 책의 서론 부분에 해당하는 부분으로, 총 10개의 챕터로 나누어 인스타그램에 관해 이때까지 연구된 내용들을 정리해서 언급하려고 합니다.

인스타그램과 관련된 다양한 연구와 인사이트를 얻을 수 있는 자료가 있는 아래의 출처를 참고하시면 더욱더 전문적이고 정확한 정보를 얻을 수 있을 것입니다.

Pew Research Center https://www.pewresearch.org
Harvard Business Review https://hbr.org
Forbes https://www.forbes.com
Journal of Business Research https://www.sciencedirect.com
Journal of Consumer Research https://academic.oup.com
Journal of Social and Clinical Psychology
https://guilfordjournals.com

소셜 미디어(SNS)는 전 세계 38억 명 이상의 사람들이 사용하는 우리 삶의 필수적인 부분이 되었습니다. 인기 있는 플랫폼 중 Instagram은 10억 명 이상의 활성 사용자를 보유한 중요한 플랫폼으로 급부상했습니다. 사용자가 사진과 동영상을 공유하고, 친구 및 가족과 소통하고, 새로운 콘텐츠를 발견할 수 있는 플랫폼입니다. 많은 사람이 인스타그램을 무해한 소통의 수단으로 여기지만, 한편에서는 인스타그램이 사람들의 관심과 검증에 대한 욕구를 자극하여 비교와 부러움의 문화로 이어졌다고 주장합니다.

인스타그램은 이미지와 동영상, 캡션, 해시태그 등을 통해 우리 삶을 기록하고 공유할 수 있는 삶의 기록 도구의 역할도 합니다. 초기에 만들어진 목적인 사진 공유 앱 이상의 의미를 지니고 있습니다. 인스타그램은 인간의 욕망과 깊은 상호작용을 하면서, 사회적 비교와 경쟁, 미적 경험과 확산, 광고와 마케팅, 자아 성찰, 우울증, 자기개발, 사회운동 등 다양한 이슈를 만들어 내고 있습니다.

인스타그램의 등장과 성장

인스타그램은 2010년에 출시된 소셜 미디어 애플리케이션으로, 현재 전 세계에서 많은 사람이 사용하고 있습니다. 처음에는 사진 공유 서비스로 시작되었지만, 이후에는 영상, 스토리 등 다양한 콘텐츠를 제공하면서 소셜 미디어 시장에서 큰 역할을 하게 되었습니다.

인스타그램의 등장은 소셜 미디어 시장에 큰 변화를 가져왔습니다. 이전에는 페이스북, 트위터, 링크드인 등의 소셜 미디어가 주를 이루었지만, 인스타그램은 더욱더 직관적이고 시각적인 요소를 강조하여 새로운 시장을 창출하였습니다.
또한 인스타그램은 스마트폰 사용자들에게 친숙한 UI와 UX를 제공하여 더욱 널리 퍼지게 되었습니다. 인스타그램은 또한 다양한 필터와 편집기능을 제공하여 사용자들이 쉽게 사진을 꾸밀 수 있는 기능을 제공하였습니다.

인스타그램은 처음에는 iOS용으로 출시되었지만, 이후에 안드로이드 버전도 출시되면서 전 세계적으로 사용되는 소셜 미디어로 자리 잡았습니다. 현재 인스타그램은 사용자 수가 10억 명을 넘어서며, 소셜 미디어 시장에서 큰 역할을 하고 있습니다.

이러한 인스타그램의 등장과 성장은 소셜 미디어 시장을 크게 변화시켰으며, 현재에 이르러서도 지속적인 성장을 이루고 있습니다. 인스타그램은 소셜 미디어 시장에서 중요한 위치를 차지하고 있으며, 앞으로도 더욱 발전해 나갈 것으로 기대됩니다.

인간의 욕망과 인스타그램의 상호작용

인간은 본질적으로 욕망을 가지고 살아갑니다. 먹고 싶은 음식, 가지고 싶은 물건, 원하는 직업 등 우리가 가지는 욕망은 다양합니다. 그리고 이러한 욕망은 인스타그램과 같은 소셜 미디어 플랫폼에서 상호작용합니다.

인스타그램은 사용자들에게 무수한 상품과 사는 방식, 이상적인 이미지를 제공합니다. 이는 우리의 욕망을 자극하고, 더 나은 삶을 원하는 욕망을 부추깁니다. 그리고 우리는 이러한 욕망을 해소하기 위해 인스타그램을 이용합니다.

하지만 동시에 인스타그램은 우리에게 완벽한 이미지와 비교를 유도하기도 합니다. 내가 가진 것, 나의 외모, 삶의 질 등 모든 것이 타인과 비교되어 그 기준을 충족하지 못하면 우울증과 같은 정신 건강 문제를 유발할 수 있습니다.

또한 인스타그램에서는 자기개발과 관련된 다양한 콘텐츠가 존재합니다. 운동, 요리, 독서 등 자신이 성장하고자 하는 분야에서 다양한 정보를 얻을 수 있으므로 많은 이들이 인스타그램을 활용하고 있습니다. 그러나 이러한 자기개발의 의무화는 우리의 스트레스와 불안을 유발할 수 있습니다.

따라서 인스타그램과 인간의 욕망 사이의 상호작용은 끊임없이 일어나고 있습니다. 우리는 인스타그램을 통해 욕망을 해소하고, 삶의 질을 향상하려 하지만, 그와 동시에 인스타그램의 완벽한 이미지와 비교, 자기개발의 의무화와 같은 부정적인 영향을 받을 수 있습니다. 따라서 인스타그램을 올바르게 이용하고, 우리의 욕망을 조절하는 것이 필요합니다.

인스타그램에 나타난 사회적 비교와 경쟁

각자의 인스타그램 계정을 관리하면서, 우리는 자연스럽게 타인과 비교하게 됩니다. 다른 사람들의 사진, 생활, 성과를 볼 때 우리는 자기 삶과 비교해 보게 됩니다. 이러한 비교는 대개 우리의 자아에 부정적인 영향을 미치며, 자존감을 낮추고 우울증, 불안, 불만족감 등의 감정을 유발할 수 있습니다.

인스타그램은 타인과의 경쟁을 조장하는데, 이는 플랫폼 내의 숫자 게임과 성과에 대한 레이스와도 관련이 있습니다. 팔로워 수, "좋아요" 수, 댓글 수, 조회 수 등 다양한 지표를 바탕으로 사용자는 자신과 타인의 성과를 측정하게 됩니다. 이는 상대적인 평가 척도를 제공하므로, 우리는 자신의 성과를 타인과 비교하게 됩니다.

이러한 경쟁과 비교는 사람들의 자아에 큰 영향을 미치며, 심지어는 우울증을 유발할 수 있습니다. 인스타그램의 사용자들은 자신보다 더 잘 나가는 사람들을 보면서 부정적인 감정에 빠지게 되고, 이는 자신의 자존감을 낮추고 우울증, 불안, 불만족감 등의 감정을 유발할 수 있습니다. 이러한 현상은 특히 젊은 세대에게 많은 영향을 미치며, 그들의 심리적 건강에 부정적인 영향을 미칠 수 있습니다.

따라서 인스타그램을 사용하는 모든 사용자는 타인과의 비교와 경쟁에 노출될 수 있으며, 이는 자신의 건강과 행복에 부정적인 영향을 미칠 수 있습니다. 이러한 부정적인 영향을 최소화하기 위해서는 자기 삶에 대한 긍정적인 시각을 유지하고, 다른 사람들과의 비교를 피하며, 자신에게 중요한 가치를 찾아가는 것이 중요합니다.

인스타그램에서의 미적 경험과 확산

인스타그램은 사용자가 직접 촬영한 사진과 영상을 공유하는 소셜 미디어 플랫폼입니다. 이를 통해 사용자는 자신의 일상을 쉽게 기록하고 공유할 수 있으며, 이러한 공유가 자신의 인생에서 중요한 역할을 하게 됩니다. 이러한 경험은 사용자들에게 일종의 미적 경험을 제공합니다.

인스타그램의 미적인 측면은 사용자들이 촬영한 사진이나 영상의 아름다움에 있습니다. 많은 인스타그램 사용자들은 자신이 업로드한 사진이나 영상이 다른 사용자들에게 좋게 받아질 수 있도록 고민하며, 이를 위해 다양한 방법을 사용합니다. 예를 들어, 인플루언서들은 브랜드와의 협찬을 통해 제품을 홍보하며 자신의 팔로워를 늘리고, 팔로워 수를 높이는 것을 목표로 합니다. 또한, 일반 사용자들도 해시태그를 사용하거나 태그를 달아서 자신의 사진이 더 많은 사람에게 노출될 수 있도록 노력합니다.

인스타그램의 확산 역시 이러한 미적 경험과 밀접한 연관이 있습니다. 사용자들은 자신이 업로드한 사진이 다른 사람들에게 얼마나 많은 '좋아요'와 댓글을 받았는지 등을 중요하게 생각하며, 이를 통해 자신의 사진이 더 많은 다른 사용자들에게 보여지기를 원합니다. 이러한 경험이 쌓이면서 사용자들은 자기 삶을 더욱 아름답게 기록하고, 미적 경험을 더욱 확장하기 위해 노력하게 됩니다.

인스타그램에서는 상호작용을 통해 사용자들은 자기 게시물이 얼마나 많은 '좋아요'와 댓글을 받았는지 쉽게 파악할 수 있습니다. 이를 통해 사용자들은 자신이 다른 사람들에게 얼마나 인기가 있는지를 알 수 있으며, 이는 자아 성찰과 관련하여 중요한 역할을 합니다.

예를 들어, 많은 '좋아요'를 받은 게시물을 올린 사용자는 자기 외모나 성격 등에 대한 긍정적인 자아상을 형성할 수 있습니다. 반대로, '좋아요' 와 댓글이 적게 달린 게시물을 올린 사용자는 자신에 대한 부정적인 자아상을 형성할 수 있습니다. 이러한 경험은 사용자들이 자기 외모나 인생에 대한 불확실성을 줄이는 데 도움이 됩니다.

그러나 이러한 경험이 사용자들 사이에서 경쟁이나 비교를 부추기는 부작용을 일으킬 수도 있습니다. 다른 사용자들의 게시물을 보고 자기 게시물과 비교하며 '좋아요'와 댓글의 수를 계속해서 확인하는 것은 경쟁심과 불안감을 유발할 수 있습니다. 이러한 경험은 사용자들 사이에서 부정적인 에너지를 만들어 낼 수 있으며, 때로는 우울증과 같은 정신 건강 문제를 일으키기도 합니다.

인스타그램의 영향력, 광고와 마케팅

인스타그램은 광고 및 마케팅 활동에 있어서 매우 중요한 임무를 수행하고 있습니다. 인스타그램은 다양한 광고 방식을 제공하며, 기업들은 이를 활용하여 제품과 서비스를 소개하고 브랜드 인지도를 높이는 데 큰 도움을 받고 있습니다. 인스타그램에서는 스토리 광고, 피드 광고, 릴스 광고 등 다양한 형태의 광고가 제공됩니다. 이러한 광고 방식들은 모두 대상 사용자의 관심사와 관련성이 높은 광고를 제공하며, 이를 통해 더 많은 고객을 유치할 수 있습니다.

특히 인플루언서 마케팅은 인스타그램에서 매우 중요한 임무를 수행하고 있습니다. 인플루언서는 인스타그램을 통해 자신의 일상을 공유하고, 팔로워들에게 제품을 소개하고 광고를 진행하는 등의 활동을 합니다. 이를 통해 기업들은 인플루언서의 영향력을 활용하여 제품을 홍보하고, 소비자들의 관심을 끌어들일 수 있습니다.

또한 인스타그램에서는 쇼핑 기능도 제공됩니다. 이 기능을 통해 사용자들은 인스타그램에서 직접 제품을 구매할 수 있으며, 기업들은 이를 활용하여 더욱 효과적인 마케팅 활동을 진행할 수 있습니다.

하지만 인스타그램에서의 광고 및 마케팅 활동은 부작용도 불러일으킵니다. 일부 기업들은 광고 비용을 줄이기 위해 인플루언서에게 무분별한 제품 제공 및 부당한 보상을 제공하는 예도 있습니다. 또한 인스타그램에서의 광고 및 마케팅 활동이 과도하게 이루어지면, 사용자들의 이용 경험에 부정적인 영향을 미칠 수 있습니다.

따라서 광고 및 마케팅 활동은 적절한 기준과 윤리적인 측면을 고려해야 합니다. 인스타그램 사용자들은 광고와 마케팅 캠페인에 민감하게 반응하기 때문에, 광고주들은 소비자의 요구와 관심사를 고려하여 적절한 마케팅 전략을 수립해야 합니다. 이를 위해서는 소비자들이 진정으로 원하는 것과 광고주의 목적과의 일치를 고려하는 것이 필요합니다.

또한, 인플루언서들과의 협업이 인스타그램에서의 광고 및 마케팅에서 중요한 역할을 합니다. 인플루언서들은 자신의 팔로워들과 직접적인 관계를 맺고 있으므로, 광고주들은 인플루언서들과의 협업을 통해 더욱 효과적인 광고 및 마케팅 전략을 수립할 수 있습니다. 하지만 인플루언서들과의 협업에서도 불법적인 협업이나 윤리적인 문제가 발생할 수 있으므로, 적절한 지침과 규제가 필요합니다.

인스타그램에서의 광고 및 마케팅 활동은 소비자와 광고주 간의 상호작용과 소통이 중요합니다. 이를 통해 소비자들의 요구와 광고주들의 목적을 조화롭게 결합하며, 더 지속할 수 있고 윤리적인 소비문화를 만들어 나갈 수 있습니다.

인스타그램과 자아 성찰

인스타그램은 자아 성찰과 관련된 많은 콘텐츠가 있습니다. 많은 인플루언서가 자신들의 삶을 공유하고, 자신의 과거를 회상하는 글을 작성하며 자아 성찰의 과정을 공개하기도 합니다. 이러한 콘텐츠를 통해 인스타그램은 우리가 자기 삶과 가치관을 생각하게 만들고, 자아 성찰을 도와줄 수 있는 플랫폼이라는 것을 보여주고 있습니다.

게다가 인스타그램은 다양한 자아 성찰 기술을 제공하고 있습니다. 예를 들어, 일상생활에서 미래의 목표를 세우고 이를 시각적으로 표현하는 "비전보드" 기능을 활용할 수 있습니다. 이를 통해 우리는 우리가 달성하고자 하는 목표를 명확히 하고, 이를 위한 계획을 세울 수 있습니다. 또한 인스타그램의 스토리 기능을 활용하여 하루의 일상을 정리하고, 우리의 감정을 표현하는 것도 자아 성찰에 도움을 줍니다.

하지만 인스타그램이 자아 성찰에 도움을 주는 반면, 그 자체로 자아 성찰을 해치는 일도 있습니다. 인스타그램을 이용하는 동안 우리는 다른 사람들의 완벽해 보이는 일상을 보고, 자기 삶과 비교하게 됩니다. 이러한 비교는 우리의 자아와 가치관을 흔들 수 있고, 우울증과 같은 정신 건강 문제를 유발할 수 있습니다. 따라서, 인스타그램을 이용할 때는 자신과 타인을 비교하는 것이 아니라, 자기 삶에 집중하고 자아 성찰의 시간을 가져보는 것이 좋습니다.

인스타그램과 우울증의 연관성

최근 몇 년간 인스타그램의 대중화와 함께 인간들의 우울증 증가와 관련하여 논란이 일고 있습니다.

인스타그램 사용자들이 자신들의 일상을 다른 사용자들과 공유하고, 그들의 활동을 관찰하며, 다른 사용자들과 비교함으로써 나타나는 사회적 비교는 우울증과 관련이 있을 수 있다는 연구 결과가 있습니다. 특히, 인스타그램에서는 자기 외모나 라이프스타일 등을 자주 업로드하는 경우가 많은데, 이러한 내용들이 다른 사용자들과 비교됨으로써 우울증 증상을 유발하는 경우가 있다는 것입니다.

인스타그램 사용자들이 다른 사용자들과의 비교를 자주 하게 되면, 자신의 욕구와 목표가 더욱 강조되기 때문에, 이에 따라 스트레스와 우울증 증상이 증가하는 것으로 나타났습니다. 또한, 인스타그램에서는 외모나 라이프스타일 등에 대한 지속적인 관심이 필요한데, 이는 사용자들에게 불필요한 압박감을 주어 우울증의 증상을 유발할 수 있다는 점입니다.

그러나, 이러한 우울증의 증상을 완벽히 예방하기는 쉽지 않습니다. 인스타그램에서의 비교와 경쟁은 인간의 본성에서 비롯된 것으로, 이를 완전히 피하기는 어렵습니다. 따라서, 우울증이 증가하지 않도록 인스타그램 사용자들은 비교적 건강한 관점에서 자신의 계정을 관리하고, 타인과의 비교를 지양하는 것이 좋다는 것이 전문가들의 조언입니다. 또한, 인스타그램의 개발자들도 사용자들의 우울증과 관련한 문제에 대해 논의하며, 해당 문제를 완화하려는 방안을 모색하고 있습니다.

인스타그램과 자기개발

인스타그램은 개인의 자기개발에도 큰 영향을 미치고 있습니다. SNS가 일상에서 차지하는 비중이 증가함에 따라 인스타그램은 다양한 자기개발 관련 콘텐츠를 제공하고 있습니다. 예를 들어, 인플루언서들이 자신들의 삶에서 배운 것들, 해결한 문제들, 이를 극복하기 위해 시도한 것들을 인스타그램 스토리나 포스팅을 통해 공유하고 있습니다. 그리고 이를 통해 인스타그램을 통해 다른 사람들의 경험과 조언을 듣고 자기 삶에 적용하려고 시도하는 사용자들이 많습니다.

인스타그램에서는 다양한 분야에서 자기개발을 돕는 콘텐츠들이 등장하고 있습니다. 예를 들어, 운동, 요가, 명상, 다이어트, 레시피, 인테리어 등 다양한 주제의 포스팅이 등장하고 있습니다. 또한, 최근에는 자기개발 서적들이 인스타그램에서 인기를 끌면서, 인플루언서들이 추천하는 서적들이 많은 독자의 관심을 받고 있습니다.

또한, 인스타그램은 온라인 강의나 코칭 프로그램 등을 홍보하는 플랫폼으로도 이용됩니다. 다양한 전문 분야에서 강의를 진행하는 인플루언서들은 인스타그램을 통해 자신들의 강의를 소개하고 판매하기도 합니다. 또한, 인스타그램에서는 자기개발에 관련된 온라인 코칭 프로그램을 운영하는 업체들도 많이 활동하고 있습니다.

하지만 인스타그램을 통해 자기개발을 돕는 콘텐츠나 서비스들이 모두 유익한 것은 아닙니다. 인스타그램에서는 소위 '인생 승리'를 눈물로 표현하는 자극적인 포스팅들도 많이 등장합니다. 이러한 포스팅들은 자기 삶이 그러한 성취를 이루지 못했다는 느낌을 불러일으키기도 합니다. 따라서 사용자들은 이러한 콘텐츠를 보면서 자기 삶을 비교하거나 자신의 부족함을 느끼는 일이 없도록 조심해야 합니다.

인스타그램을 통해 자기개발을 돕는 방법의 하나는 인플루언서들의 계정을 팔로우하고 그들의 글과 사진을 보는 것입니다. 인플루언서들은 자신들만의 관심사와 전문 분야에 대해 자주 게시물을 올리며, 그들이 어떻게 자기개발을 위해 노력하는지를 공유하기도 합니다. 또한, 인스타그램에서는 다양한 자기개발 관련 계정들도 운영되고 있습니다. 이러한 계정들은 자기계발 서적을 소개하거나, 명언과 격언, 명상법 등을 제공해주기도 합니다.

인스타그램을 이용하여 자기개발에 도움을 받으려면, 자신의 관심 분야나 목표에 맞는 계정을 팔로우하고, 그들의 게시물을 꾸준히 보는 것이 중요합니다. 또한, 자기개발에 관한 다양한 정보를 제공하는 계정들을 찾아보고 활용하는 것도 좋은 방법입니다. 그러나, 인스타그램을 통해 얻는 정보가 모두 정확하고 신뢰성이 높은 것은 아니기 때문에, 항상 비판적 시각을 가지고 정보를 습득해야 합니다.

인스타그램과 사회운동

인스타그램은 미디어의 역할을 확대하면서 사회적으로 중요한 역할을 하고 있습니다. 인스타그램을 이용한 사회운동은 매우 활발합니다. 대표적인 예시로는 #MeToo 운동이 있습니다. 이 운동은 여성들이 자신들이 겪은 성희롱과 성폭력에 대해 공유하며 세계적인 운동으로 성장하였습니다. 이러한 운동은 인스타그램의 기능인 해시태그를 이용하여 빠르게 확산하였습니다.

사회운동을 이끌어가는 대상은 대체로 청소년들이며, 인스타그램을 이용한 사회운동은 그들에게 새로운 방식으로의 의사소통 기회를 제공합니다.

인스타그램은 대중들에게 우리 사회의 문제점을 알리는데 매우 효과적인 수단이 되었습니다. 이러한 사회 운동들은 정치적인 영향력을 행사하고 사회 전반에 영향을 미치기도 합니다.

하지만, 이러한 사회 운동들이 얼마나 지속적이고 효과적인지에 의문스럽기도 합니다. 인스타그램의 기능이 바뀌거나 해시태그 알고리즘이 바뀌어 버린다면 이러한 사회 운동들이 유효성을 잃을 수도 있습니다. 결국 플랫폼 사업자의 의도에 달려 있다는 뜻입니다.

따라서, 인스타그램을 이용한 사회운동은 매우 중요하지만, 사회운동을 이끌어가는 사람들은 반드시 인스타그램의 기능과 알고리즘에 대해 잘 파악하고 있어야 합니다. 그렇게 함으로써, 우리는 인스타그램을 더욱 효과적으로 이용하여 사회운동을 성공시킬 수 있을 것입니다.

인스타그램의 미래

인스타그램은 현재 세계에서 가장 인기 있는 소셜 미디어 중 하나이며, 사용자 수가 계속해서 증가하고 있습니다. 미래에도 이러한 추세가 계속될 것으로 예상됩니다. 그러나 인스타그램이 발전하면서 새로운 문제점도 끊임없이 제기되고 있습니다.

인스타그램은 개인정보보호 문제와 관련하여 많은 비판을 받고 있습니다. 또한, 인스타그램이 인간의 욕망과 관련하여 일으키는 부정적인 영향도 이제 막 발견되고 있습니다. 이러한 문제들을 해결하기 위해 인스타그램은 더 나은 보안 시스템을 도입하고, 인간의 욕망을 양성하는 콘텐츠가 미성년자들에게 노출이 되지 않도록 더욱 노력할 필요가 있습니다.

하지만 인스타그램이 가지고 있는 엄청난 잠재력 또한 무시할 수 없습니다. 예를 들어, 인스타그램은 사회운동에 큰 영향을 미칠 수 있는 도구가될 수 있습니다. 전 세계적으로 인스타그램을 사용하는 사람들이 매우 많으므로, 인스타그램을 통해 사람들이 다양한 이슈에 대해 자유롭게 의견을 나누고, 사회운동을 주도할 수 있습니다.

인스타그램은 마케팅 및 광고 산업에서도 중요한 역할을 합니다. 광고주들은 인스타그램을 통해 제품과 서비스를 소비자에게 직접적으로 홍보할수 있습니다. 이는 소비자들이 더욱 적극적으로 제품과 서비스를 이용할수 있도록 돕습니다.

하지만 인스타그램의 문제점과 장점들을 고려하면서, 인스타그램이 미래에 어떻게 발전할지는 아직 불확실합니다. 그런데도 인스타그램이 가지고있는 잠재력을 최대한 활용한다면, 사용자들의 요구를 충족시키는 더욱나은 소셜 미디어로 발전할 수 있을 것입니다.

추천사

욕망의 인스타그램이라는 제목을 처음 접했을 때는 마케팅 서적인지 갸우뚱했지만 책을 읽는 내내 인스타그램 구독자의 심리와 마케팅을 하고자 하는 기업이나 개인들에게 중요한 핵심만 뽑아놓은 요약본이었습니다.

인스타그램을 통해서 소비자에게 어떻게 메시지를 전달하여 우리가 가진 서비스, 기업제품 브랜드를 홍보해야 할지 전략 수립과 전술이 한꺼번에 있는 비법서 같은 느낌이라서 다시 한번 이동윤 작가님은 실행파 마케터이자 작가라는 것을 다시 한번 알게 해줬습니다.

이커머스 업계에서 인스타그램은 이제 필수 마케팅이라고 하죠. 소비자의 심리를 분석하고, 인스타그램의 알고리즘까지 정확하게 이해한다면 마케팅 소구점을 쉽게 전달할 수 있어서 온라인마케팅이 필요하는 분들께 이 책을 추천해 드립니다.

- 이커머스 컨설팅그룹 노노스대표 송 현 숙
- 네이버파트너스퀘어, 카카오커머스 공식강사

분명한 목적이 없다면
인스타그램 하지 마세요

인스타그램에 아무 말, 아무 사진이나 올리는 사람이 있습니다. 사실 상관없습니다. SNS는 개인의 자유로 가입하고 전기통신 사업법에 위반되지 않는 한, 사적인 내용을 올려도 됩니다. 우리가 이런 방식으로 인스타그램을 사용한다고 해도 누가 뭐라고 할 권리도 없으며, 그렇게 해서도 안 됩니다.

다만, 그때그때의 내 기분을 토해놓는 화장실과 같은 공간이라고 해도 결국 소셜네트워크라는 특성상 비공개로 해두지 않는다면 내가 올린 사진, 글, 동영상은 누군가가 보게 됩니다.

팔로우가 없어서 괜찮다고 할지도 모르겠습니다만, 무심코 적은 해시태그로 내 게시물이 노출되고 나쁜 마음을 먹은 사람들에게 내 사진과 영상이 도용당하고 불법적으로 사용될지도 모릅니다.

우리는 인스타그램을 왜 하고 있으며, 어떤 목적으로 이용하고 있을까요? 저자는 인스타그램을 하는 이유를 크게 3가지로 나누어 설명하고자 합니다.

화장실 / CCTV / 찌라시

1) 인스타그램은 내 기분의 배출구, 화장실이지!

저자를 포함하여 주변 사람들의 경우를 보면, 인스타그램으로 무언가를 얻기를 바라고 있습니다. 그게 단순한 '좋아요' 개수일지도 모르고, 혹은 나를 팔로우해주는 사람들의 숫자가 점점 늘어나는 것을 즐기고 있을지도 모릅니다. 내가 떠벌리고 싶은 자랑거리들을 누가 보고 부러워해 주거나 칭찬하는 댓글을 달아주는 것은 은근히 즐기고 있는 분도 있습니다. 내키는 대로 자랑하고 싶은 것들을 올리고, 내 기분을 공유합니다. 아무것도 생기는 건 없습니다만, 그냥 하는 겁니다.

2) 인스타그램은 타인의 사생활을 은밀히 훔쳐보는 수단!

자신은 사진 하나 올리지도 않고, 프로필도 비워둔 채로 다른 사람들의 사적인 글을 염탐하는 목적으로 사용하기도 하고, 해시태그 검색만 하거나, 시간 때우기로 릴스만 시청하는 사람들도 있습니다. 공중파에서도 IPTV에서도 가장 인기가 많은 프로그램 중 하나가 나 혼자 산다 같은 관음에 기반한 훔쳐보기 콘텐츠이니까요. 그게 대본이 있든, 찐 리얼이든 시청자에게는 중요하지 않습니다. 그냥 재미로 보는 거니까요.

3) 인스타그램은 매출을 늘려주는 홍보 수단!

몇 년 전부터 인스타그램에 사람들이 몰리니, 요즘에는 인스타그램을 홍보의 수단으로 인식하고, 매장을 운영하든, 온라인쇼핑몰에서 물건을 팔든, 저자처럼 강의 홍보를 하든 분명한 목적을 가지고 인스타그램 계정을 운영하는 사람들이 많습니다. 물론 이 경우에도 여러 개의 다중 계정을 만들어 내 기분을 발설하는 화장실로도 사용하고, 누군가를 염탐하는 관음의 도구로 사용하기도 합니다.

위에서 언급한 3가지 이유 말고 인스타그램을 이용하는 또 다른 이유가 있을까요? 만일 지금 당장 인스타그램을 지운다고 상상해봅시다. 아니, 정말로 인스타그램 앱을 삭제해보세요. 그리고 하루 동안 인스타그램을 사용하지 말아보세요. 인스타그램을 못 하게 되니 어떤 점이 불편한가요? 내가 불편을 느끼는 부분을 특정할 수 있다면, 인스타그램은 여러분에게 없어서는 안 되는 생활 일부가 되어버린 것입니다.
어떤 서비스가 없어졌을 때, 제품이 없어졌을 때, 불편함을 느낀다면 성공사례로 볼 수 있습니다. 여러분은 인스타그램 이외에 다른 대체재를 찾을 수 있나요?

저자는 인스타그램을 하면서, 왜 사람들이 인스타그램을 하는지 어떤 목적으로 사용하는지 꽤 오랜 기간 인스타그램을 사용하면서 생각하고 분석해보았습니다. 사실 그렇게 긴 시간이 필요하지도 않았습니다. 독자 여러분도 딱 반나절, 아니 한 시간만이라도 인스타그램에 올라오는 수많은 게시물을 보면 금세 알 수 있습니다.

인스타그램은 인간 욕망의 집약체

크게 3가지로 인스타그램을 사용하는 목적을 나누기는 했지만 3가지 이유를 하나로 관통하는 키워드가 있습니다.

그것은 바로 "욕망"입니다.

그렇습니다. 인스타그램은 인간의 욕망이 똘똘 뭉쳐 만들어 낸 결과물이며, 인간의 욕망을 에너지로 삼고 점점 성장하는 괴물입니다.

무슨 판타지 소설을 쓰나 싶어서 이쯤에서 이 책을 덮으려는 분들도 있을지 모릅니다. 하지만, 다시 생각해보세요. 여러분들은 분명 인스타그램으로 무언가를 어떻게 하고 싶어서 이 책을 읽고 있는 것입니다. 저자는 인스타그램의 본질을 인간의 욕망이라고 규정 짓고 여러분들의 욕망을 최대한 끌어내고, 각자가 원하는 목적을 달성하는 데 도움이 되기 위해 이 글을 쓰려고 마음먹었습니다.

저자는 유명한 인스타그램 강사나 수백만 명의 팔로워를 거느린 인플루언서도 아닙니다. 페이스북을 사용하다가 서서히 인스타그램을 넘어온 많은 유저처럼 저도 SNS 생태계의 흐름을 타고 보니 인스타그램의 사용자가 되었을 뿐이고, 여러분들과 똑같이 '좋아요'가 많으면 흐뭇해하고 더 많은 "좋아요"를 받으려고 점점 자극적인 사진과 글, 영상을 올리고 있었던 욕망에 사로잡혔던 사람입니다.

저자는 요즘 이런 생각을 합니다. 만약 인스타그램이 없었다면 (물론 다른 대체재가 얼마든 있겠지만) 사람들이 쓸데없는 소비에 열을 올리고, 자기 돈으로 핫플레이스에서 커피와 빵을 사 먹고 심지어 공짜로 자신의 인스타그램에 올리고 대신 홍보를 하는 멍청한 짓을 할까요? 인스타그램을 못 하게 국가에서 법으로 막아버린다면 사람들은 그런 쓸데없는 짓을 하지 않을까요?

아니요! 단연코 아니라고 생각합니다. 제2, 제3의 인스타그램이 나타날 것이고 똑같이 인간의 욕망을 건드리며, 괴물처럼 성장할 것입니다. 인스타그램 이전에는 페이스북이 있었고 (수많은 광고와 키보드 워리어들의 자기 잘난 자랑을 해대는 곳으로 변질하였지만) 그 이전에는 국산 토종 네이버 블로그가 있었습니다. 요즘은 틱톡이나 유튜브나 온갖 플랫폼이 인간의 욕망을 양분 삼아 성장하고 있지요.

그런데 말이죠. 결국 따져보면 블로그, 페이스북, 인스타그램, 유튜브 다 똑같은데 저자는 유독 인스타그램에 관한 책을 집필하고 있을까요?

그것은 바로 인스타그램의 속성 때문입니다.

인스타그램의 속성은
사람과 밀접하게 연결되어 있다

인스타그램의 속성은 '간편성/ 반응속도/ 노출과 관음'으로 구분할 수 있습니다. 목적 없이 그냥 사용하는 사람이 많은 이유이기도 합니다.

1) 간편성 - 스마트폰으로 사진 찍고 올리면 끝

인스타그램은 다른 플랫폼에 비해서 굉장히 단순하고 간편하게 콘텐츠를 발행할 수 있는 수단입니다. 항상 손에 들려있는 스마트폰으로 사진이나 동영상을 찍고, 해시태그 몇 개 적어주면 끝입니다. 그래서 콘텐츠 생성 속도가 매우 빠르며, 사진과 영상이라는 콘텐츠가 위주로 소비되는 플랫폼이기 때문에 텍스트가 크게 중요하지 않습니다. 블로그처럼 어느 정도 분량의 키워드를 포함한 글을 써야 한다든지 SOE(검색엔진에 적합한 정보 구조화)에 충실하게 글을 쓸 필요도 없습니다. 구글이든 네이버든 웹상에 문서로 만들어지는 글은 제목, 내용, 키워드 등 검색엔진이 좋아하는 구조화를 고려해야 합니다만, 인스타그램은 검색보다는 유저들 간의 관계에 집중하는 플랫폼이다 보니 팔로워, 팔로잉, 해시태그 정도로만 내 게시물이 노출되는 수준이 결정됩니다.

좀 복잡하게 들리겠지만, 차차 책에서 자주 언급되는 내용이니 100% 이해하지 않고 넘어가서도 무방합니다. 간편성이라는 측면에서 보자면 현재 사람들이 온라인상에 무언가 콘텐츠를 만들어 남기는 방법 중에서는 제일 빠르고, 제일 간편한 방식을 취하고 있는 것은 분명합니다.

여러분 상상해보세요. 스마트폰이 없고 디지털카메라와 컴퓨터만 있었다면, 여러분들은 백화점에서 옷을 사고 피팅룸의 거울 앞에서 온갖 포즈를

취하며 카메라로 사진을 찍고, 집으로 돌아가서 그 사진들을 보정하고 다시 인스타그램에 올리겠어요? 그냥 상상만 해봐도 귀찮지 않나요?

요즘 블로그를 하는 사람들이 점점 줄어드는 이유도 (비록 스마트폰으로 블로그 포스팅이 가능하지만), 결국 콘텐츠 발행 시 장문의 텍스트를 써야 한다는 불편함 때문입니다. 블로거로 수익이 발생하는 전문 블로거나, 마케팅의 목적으로 블로그를 운영하는 경우를 제외하고는 블로그를 운영하는 일반인들을 쉽게 찾아보기가 어렵습니다.

주변에 블로그 한다는 분들이 있는지 확인해보세요. 만약에 있다면 아주 오래된 고인 물이거나 혹은 블로그를 통해 분명 무언가의 수익 활동을 하는 분일 겁니다. 그렇다고 오해는 말아주세요. 우리도 결국은 인스타그램을 통해서 수익을 만들고자 하는 사람들입니다.

간편성을 말한다면, 페이스북이나 트위터를 생각할 수도 있겠지만, 텍스트 기반인 SNS는 간편성과는 거리가 좀 있습니다. 키보드 워리어들이 득실대는 곳에서 내 얕은 지식이 들통날까 봐 쉽사리 한 문장을 쓰기도 어려운 곳입니다.

저자 역시 페이스북도 하고 블로그도 오랫동안 공들여 운영해본 적이 있지만, 콘텐츠 하나를 만들기 위해 들어가는 노력을 비교해 보자면 인스타그램이 단연 1등이라고 하는 데에는 이견이 없습니다. 요즘은 페이스북은 일과 관련된 사람들과 단순히 온라인상의 친목 도모 정도를 하고 있고, 괜히 언쟁이 일어날 거 같은 주제는 게시하지 않습니다. 저자를 굉장히 시니컬하고 까칠한 사람으로 오해하는 분들도 많이 있더라고요. (결국 그런 페르소나로 자신을 포장한 결과라고 생각합니다.)

2) 반응속도 - 게시물 올리자마자 '좋아요' 알림이 쏟아져요

인스타그램은 검색엔진을 통해 정보를 얻는 블로그나 유튜브보다 인간관계를 기반하고 있다고 했습니다. 쉽게 말하자면, 지금 내 눈앞에는 없지만 나를 팔로우하는 사람들은 결국 나와 비슷한 시간대를 사는 사람들입니다. 점심시간이 되기 전에 오늘 무엇을 먹고 어디에서 커피를 마실까 생각할 때 똑같은 생각을 하는 사람들이 많다는 이야기입니다. 여러분이 만약 커피와 빵을 너무나 좋아해서 여러분의 인스타그램 계정에 꾸준하게 카페나 베이커리숍에서 찍은 사진만 올렸었다면 여러분의 계정을 팔로우했던 사람은 #광안리빵집 #광안리베이커리 이런 키워드로 검색하던지, 혹은 여러분들이 마침 점심시간 즈음에 우연히 올렸던 어제 다녀온 카페나 베이커리숍의 게시물을 지금 보고 있을지도 모릅니다. 분명 검색 기능도 가지고 있는 인스타그램이지만 검색은 분명한 목적의식을 가지고 하는 행위입니다. 해시태그라는 키워드를 머릿속에 떠올렸기 때문에 그것을 네이버에서 입력하지 않고, 인스타에 입력한 겁니다.

이는 꽤 단순한 이유입니다. 블로그는 검색 결과를 목록으로 보여주고, 대표 이미지로 설정된 단 하나의 이미지만 섬네일로 볼 수 있습니다. 인스타그램은 블로그 검색 결과와는 다릅니다. 스티커 같은 작은 사진들이 특정 해시태그인 #광안리빵집 키워드에 모여서 한꺼번에 격자 패턴으로 내 눈 앞에 펼쳐집니다. 두 검색 결과 중에서 여러분은 어떤 방식이 빠르게 정보를 파악할 수 있다고 생각하세요? 맞습니다. 당연히 타일처럼 주르륵 펼쳐지는 인스타그램의 검색 결과를 더 편하게 볼 수 있다고 생각합니다. 그리고 그중에 맘에 드는 섬네일을 몇 개 터치해보고 진짜 가고 싶은 마음이 든다면, (이미 상호는 기억했으므로) 다시 네이버에서 검색해보고 더 디테일한 정보를 찾을 겁니다.

인스타그램의 속성 중에서 반응속도는 비단 검색 결과의 속도만을 말하지 않습니다. 우리는 대부분 인스타그램의 홈 영역에서 시간을 보냅니다. 내가 팔로우하는 이웃의 게시물과 내가 올린 게시물 그리고 사이사이에 게시물을 가장한 형태의 유료 광고와 일반 게시물처럼 포장된 홍보성 글들이 스크롤을 타고 밑으로 끝도 없이 나타납니다.

여러분이 만약 대략 1,000명 정도의 아주 활발한 인스타그램 친구들을 팔로우하고 있다면, 그들이 지속해서 만들어 내는 게시물과 광고의 홍수속에서 살고 있을 겁니다.

해당 게시물을 작성한 사람이 지우거나, 노출되지 않게 보관처리를 한다면 더 이상 나에게 보이진 않지만, 인스타그램 서버에서는 인스타그램이 탄생한 순간부터 지금 여러분이 이 책을 보고 있는 동안에도 어마어마하게 생성되는 게시물들을 시간 순서와 해시태그로 서버에 저장하고 있습니다. 게시물, 스토리, 릴스로 구분해서 저장하기도 하겠죠.

태생적으로 인스타그램은 검색을 기반으로 한 플랫폼이 아니기 때문에 누군가가 게시물을 올리고 얼마 지나지 않아 해당 게시물을 더 이상 찾기 힘들단 것은 인스타그램을 써 본 사람이라면 다 알 것입니다. 그래서 종이비행기 표시인 공유하기 기능과 리본 모양인 저장하기 기능이 오래전에 생겨났습니다. 내 피드에 남기기 싫은 게시물이라면 24시간 이후에 자동으로 삭제되는 스토리도 있고, 그 스토리가 지워지는 게 싫으니 하이라이트 기능도 만들어놨습니다. 참 이율배반적인 기능들이 인스타그램에는 꽤 많습니다. 모두 인간의 욕망이 결국은 기능으로 나타난 셈이죠.

반응속도를 말하기 위해서 조금 돌아왔지만, 아주 이해하기 쉽게 설명해드리자면 여러분이 새벽 4시에 감성에 젖은 사진과 글을 하나 올렸다면, 그 게시물은 평소보다 사람들이 "좋아요"를 누르거나 댓글을 남기거나 저장하거나 공유하는 확률이 현저히 낮아집니다. 이유는 바로 그런 반응을 보이는 사람들이 대부분은 자는 시간이라는 겁니다.

인스타그램에서는 나를 팔로우하는 사람이 활동하는 시간대에 나도 활동하고 있는 것이 유리합니다. 여러분이 아무리 그냥 올리는 사진이다. 그냥 내 일기장 같은 거다. 단순히 사적으로 남기는 기록이다 하고 말해봤자 아무 의미 없는 변명입니다. 그런 목적으로 인스타그램을 쓴다고요? 우리 솔직해질 필요가 있습니다.

새벽에 올린 감성 폭발하는 내 게시물은 분명 누군가의 공감이나 동의가 없다면 여러분은 그 게시물을 지울 겁니다. 그냥 이불킥하는 게시물을 남겨두고 싶은 사람은 없습니다. 이불킥이라고 생각했을지라도 평소보다 많은 "좋아요"와 댓글을 받았다면 아마 여러분은 그 게시물을 이불킥했다고 생각하지 않을 겁니다. 모르긴 몰라도 그런 식의 게시물을 더 남기겠죠? 사람들의 반응 때문에 학습되어 가는 겁니다.

저자가 너무 단정 지어 말한다고 생각하진 말아주시기를 바랍니다. 정말 일기장과 같은 목적으로 사용하신다면, 기록용으로 사용하신다면 굳이 남이 보게 할 필요가 있나요? 인스타그램보다 훨씬 뛰어난 기능과 보안성으로 내 일정과 일기를 써 둘 수 있는 온갖 서비스가 넘쳐나는 시대입니다.

여기서 단호히 말하자면, 여러분과 저는 분명 남들의 반응에 만족감을 느끼기 때문에 굳이 인스타그램에 개인적인 콘텐츠를 올리고 '좋아요'가 많이 눌러지기를 바라는 겁니다. 그게 인스타그램의 본질이며 인간의 욕망 표현입니다.

메슬로우가 말하는 인간 욕구의 5단계 이론을 언급할 필요도 없습니다. 우리는 불안전하고 불안하고 누군가의 인정을 끝없이 갈구하고 사랑받기를 원하는 인간이므로 당연하게도 숨 쉬듯이 인스타그램에서 욕구를 해결하려고 하는 겁니다.

나와 같은 시간을 사는 사람들이 내 눈앞에 있지는 않지만, 내가 올린 게시물에 반응해주기를 바란다면, 게시물을 언제 올리는지도 중요합니다. 멋진 다이닝 사진은 저녁 시간 전에 혹은 주말 전에 올리는 게 좋겠죠? 그러면 여러분은 참으셔야 합니다. 식사하면서 사진 찍은 것은 요즘엔 매너처럼 되어버렸으니 그렇다 치더라도 식사 도중에 인스타그램에 올리는 건 앞에 놓인 맛있는 저녁에 대한 예의가 아니니까요.

딱 하루만 참으시고, 사진도 더 멋지게 보정하고, 릴스용 동영상도 만들어두고, 함께 쓸 멋진 멘트로 메모해두고, 알맞은 해시태그도 찾아 놓으시기를 바랍니다. 그리고 주말을 앞둔 어느 날, 혹은 저녁을 뭘 먹을까 사람들이 고민하는 시간 즈음에 게시물을 올리세요. 사진과 동영상을 하나의 게시물에 섞지만 않는다면 예약발행이라는 좋은 기능이 있습니다.

이제 하루 묵혔지만, 어느 때보다 숙성된 여러분의 게시물은 평소보다 더 많은 '좋아요', 공유, 저장을 받게 될 겁니다. 당연히 부러움의 댓글도 많이 달리겠죠.

기억하세요. 반응속도는 여러분이 콘텐츠를 올리는 시간에 발생해야 의미가 있습니다. 저자는 이를 다른 말도 "트래픽의 골든타임"이라고 부릅니다.

3) 노출과 관음 - 나는 니가 어제 뭘 먹었는지도 다 알고 있다

인스타그램의 본질이자 가장 중요하다고 생각하는 속성은 '관음성'입니다. 앞서 인스타그램을 하는 두 번째 이유에 해당하는 관점인데, 저는 관음이라는 인간의 욕망을 일방향이라고 생각하지 않습니다. 손뼉도 마주쳐야 소리가 나듯 '보여주려는 사람', '보기를 원하는 사람' 양방향으로 발생하는 행위입니다.

나를 부러워해 주는 사람이 없으면 자랑할 이유도 없고, 파인다이닝을 가서 맛있는 저녁을 먹으면서 굳이 불편하게 사진을 찍을 이유도 없어집니다. 분명 사진을 찍는 그 순간에는 나를 위한 기록의 습관이 아닌, 누군가에게 보여주고 싶다는 노출의 심리가 작동합니다.

저자는 인스타그램을 하는 사람들을 모두 관음증, 노출증 정신병자라고 말하는 것이 절대 아닙니다. 다만 가장 잘 어울리는 단어이기에 (어떤 병세를 나타내는) ~증이라는 글자는 빼고 사용하고 있습니다. 저자 역시 '좋아요'도 누르지 않고 다른 사람의 계정을 훑어보기를 좋아합니다.

노출 심리는 봐주는 사람이 없다면 동작하지 않습니다. 노출과 관음은 한 세트로 동작하는 메커니즘입니다. 보여주려는 사람의 의도와 보려는 사람의 의도가 만나고 그 사이에서도 미묘한 과정들이 세분되어서 나타납니다. 이어지는 글에서 좀 더 세분화해서 설명해 드리도록 하겠습니다.

피드백에서 알아보는 인간의 심리

a. 아무런 피드백 없이 그냥 보기만 하는 경우
b. "좋아요"를 눌러서 봤다는 것을 상대방에게 알리는 경우
c. 댓글을 작성해서 친분을 맺으려는 경우
d. 제 3자에게 공유하는 경우
e. 다음에도 다시 보려고 저장하는 경우

a부터 e까지는 인스타그램에 올라온 타인의 콘텐츠에 누군가가 반응하는 방법들을 작성한 것이며, 전부 다 인스타그램에서는 기능으로 구현되어 있습니다.

a. 아무런 피드백 없이 그냥 보기만 하는 경우

말 그대로 자기가 해당 콘텐츠(게시물, 릴스, 스토리, 하이라이트)를 봤다는 흔적을 남기지 않는 행위입니다. 흔한 말로 눈팅이라고 말하는데, 상대방의 아이디를 차단하거나, 내가 계정을 비공개로 운영하지 않는 한, 누가 내 콘텐츠를 봤는지 확인할 수 없는 인스타그램의 특성 때문에 처음 만난 사람이 내가 뭐 하고 살았는지 최근 행적을 인스타그램에서 봤다고 하면 굉장히 놀라는 분들이 많습니다만, 결국은 본 사람이 문제가 아니라 콘텐츠를 올린 사람이 너무 과도하게 사생활을 노출하는 게 문제라고 봅니다.

사생활 노출 때문에 인스타그램을 안 한다는 말을 저자는 강의하는 도중에 종종 듣습니다. 특히 공무원 대상의 강의에서는 인스타그램을 하는 분들이 지극히 드문데, 공무원들의 직업적 특성 때문이고 여겨지는 부분입니다. 요즘은 학부모들이 선생님의 인스타그램을 알게 되어 사생활까지 간섭한다는 이야기를 본 적도 있습니다.

b. "좋아요"를 눌러서 봤다는 것을 상대방에게 알리는 경우

본인의 홈 영역에 올라온 다른 사람의 게시물을 무한 스크롤 하며 훑어 내리듯 사진만 보면서 '좋아요' (화면 두 번 터치)만 습관적으로 하는 분들을 심심찮게 보는 게 이건 습관일 수도 있고 의도적인 행위일 수도 있습니다. 인스타그램에서는 "좋아요"를 누가 누르면 상대방을 알 수 있게 되어 있습니다.

의도적이라면 '내가 너의 게시물을 봤어'를 알리는 행위입니다. 그리고 "좋아요"를 누른 사람은 '너도 내 인스타그램에 와서 게시물에 "좋아요'를 눌러라'라는 의미를 포함하고 있습니다. 자신은 열심히 눌러줬는데, 만약 상대방이 몰랐거나 까먹었거나 결론적으로 자신에게도 "좋아요"를 해주지 않았다면, 팔로잉을 끊거나 마음속으로 꽁해 있을 겁니다.

인스타그램은 소셜네트워크서비스입니다. 사람과 사람 간에 콘텐츠가 있을 뿐 결국은 사람끼리의 관계 형성이 매우 중요합니다. 그런데 누군가는 일방적으로 관심을 보내는데 누군가는 무시한다면 그 관계는 깨질 수밖에 없습니다. 만약 여러분이 어마어마한 인플루언서거나 유명한 연예인이라면 맞팔이나 맞'좋아요'는 기대하지 않을지도 모릅니다. "좋아요"를 누르고 댓글을 달면서 '나는 너의 팬이다'라는 것만 알려도 행복할 테니까요.

c. 댓글을 작성해서 친분을 맺으려는 경우

'좋아요'만 누르는 것 보다는 적극적으로 자신의 관심을 표출하는 케이스입니다. 개인적으로는 댓글을 작성해주는 사람은 내 계정을 팔로잉해 줄 가능성이 매우 크다고 볼 수 있습니다. 반대로 용기를 내서 댓글까지 달았는데, 상대방의 반응이 없다면 두 번 다시 해당 계정에 피드백해주지 않게 될 가능성도 큽니다.

저자도 몇 명의 연예인과 배우들을 팔로잉하고 있습니다. 그들이 올리는 공적이고 사적인 게시물을 보고 싶기 때문입니다. 결국은 큰 범주에서는 관음이고, 연예인은 관음의 대상일 수밖에 없습니다. 절대로 관음증이라고 생각하면 안 됩니다. 관심을 다른 말로 바꾸면 관음일 뿐이니까요. 비교적 사생활을 조금이라도 노출하면 인간적이다 털털하다는 평가를 받고 철저하게 공적인 스케줄만 올리는 연예인의 인스타그램 계정을 보면 신비주의라는 말을 듣는 것이 연예인의 삶이니까요.

그런데 어떤 영화배우가 제가 남긴 댓글에 다시 댓글을 달아주는 일이 있었습니다. 물론 연예인의 공식 계정이긴 하지만 직접 운영하는지 혹은 회사나 매니저가 대신 글을 달고 관리하는지 알 수는 없지만, 제가 남긴 글에 댓글이 달렸을 때는 저도 매우 기분이 좋았고 더 팬심이 커졌습니다. 만나지는 못해도 서로 아는 사람이 된 기분이랄까요.

그 영화배우 중에 한 분은 조한선 배우이고, 또 한 분은 허동원 배우입니다. 단순히 팬이어서 그들의 계정을 팔로잉했고, 영화가 개봉하고 드라마가 시작되었길래 응원의 댓글을 달았을 뿐인데, 답변이 달리게 되니 극장에서 가서 영화를 안 볼 수가 없었고, 넷플릭스에서 드라마 시청하지 않을 수가 없었습니다. 어찌 보면 연예인들의 훌륭한 마케팅 수단이 되어주는데 굳이 안 할 이유가 없지 않을까요? 예전에는 연예인들의 인지도를 측정하는 수단이 없었지만, 지금은 유튜브나 인스타그램이라는 훌륭한 인지도 측정기가 있으니까, 대중들의 인기로 먹고사는 연예인의 처지에서는 인스타그램은 참 고마운 홍보 수단이자 팬들과의 소통 수단이 되고 있습니다. (물론 아무도 팔로우하지 않는 스웨그 넘치는 연예인들도 있지요)

d. 제 3자에게 공유하는 경우
e. 다음에도 다시 보려고 저장하는 경우

두 가지 경우는 모두 정보성 콘텐츠를 발견했을 때나 재미있는 콘텐츠에 해당합니다. 물론 정보성 콘텐츠는 광고인 경우도 있지만, 받아들이는 입장에서는 광고에서도 정보를 얻을 수 있으므로 맛집 홍보 게시물 링크를 지인에게 공유해주기도 하고 해당 게시물에 아이디로 소환해서 다음에 가볼까 하는 식의 의견을 댓글로 물어보기도 합니다. 재미있거나 웃긴 콘텐츠도 나만 보기 아까우니 지인에게 보내주는 경우도 많습니다.

저장하는 경우는 대부분은 거의 정보성 콘텐츠에 해당합니다. 지금 당장은 꼼꼼하게 확인하기 어려우니 저장해두고 나중에 시간을 내서 보겠다는 의미입니다. 인스타그램에서는 a부터 e까지 모두 횟수를 수치화해서 해당 콘텐츠에 점수를 매기고 높은 점수를 기록한 콘텐츠일수록 더 많이 노출되도록 해줍니다.

인스타그램 떡상 알고리즘의 진실

사람이 일일이 콘텐츠의 내용을 검수할 수도 없고, 사람이 판단한다고 하더라도 개인차도 있으므로 어떤 콘텐츠의 가치를 객관적으로 평가할 수 없습니다. 따라서 인스타그램에서는 내부 관계자들만 알겠지만, 콘텐츠에 대해 유저들이 하는 행동들의 횟수를 점수로 수치화해서 피드백이 좋은 콘텐트, 공유가 잘 되는 콘텐츠, 저장 횟수가 많은 콘텐츠를 자주 발행하는 계정에 높은 가점을 주게 됩니다. 결국 콘텐츠에 대한 평가를 인스타그램을 사용하는 유저들에게 맡기는 것입니다.

블로그나 유튜브도 비슷한 평가시스템을 갖추고 있습니다. 좋은 콘텐츠를 점수화하고 해당 계정이 커질 수 있도록 (소위 떡상하는) 만들어주는 알고리즘이 동작하고 있다고 보면 됩니다.

떡상이나 상위노출에 대한 여러 가지 노하우나 비법이 있는 것처럼 말하는 사람들이 많긴 한데, 저자의 견해로는 떡상을 경험한 개개인의 각기 다른 상황일 뿐 누구에게나 똑같이 적용되지는 않는다고 봅니다. 만일 그런 방법이 있다면, 누구나 그 방법을 사용할 것이고 알고리즘이란 것을 회피하는 수단으로 전락하여 좋지 않은 콘텐츠가 상위 노출되고 떡상하게 될 수도 있기 때문입니다. 이는 결코 플랫폼이 허용할 수 없는 부분이라 만약 떡상 방식이 공개된다면 알고리즘 개발팀은 전부 야근해야 하지 않을까요?

물론 좋은 콘텐츠를 어떻게 만들어야 계정이 성장하고 유명해지는지에 대한 대략적인 방법들은 플랫폼에서도 공식적으로 언급합니다. 하지만 그 방법이 너무나 교과서적이라서 사람들은 무시하게 됩니다만, 결국은 매뉴얼대로 하는 것이 제대로 성장하는 지름길이라 생각합니다. 어떤 플랫폼이든지 말이죠.

다시 한번 짚어 넘어가지만, a~e까지의 모든 경우를 만족하는 아니 일부라도 만족하는 콘텐츠가 무엇일지 생각해봅시다. 좋은 콘텐츠는 사람들에게 유용한 정보가 되고, 재미있어야 공감을 일으켜 많이 보고, "좋아요"를 많이 받고, 공유되고 저장됩니다.

다른 관점에서 보자면, 현실에서의 친구 관계를 생각해보세요. 어떤 친구와 오래 관계를 유지하는지, 어떤 친구는 연락이 흐지부지되는지, 어떤 친구를 절교하는지, 인스타그램 속에서는 진짜 현실 친구는 아니지만 서로 좋은 관계를 맺기 위해 모여 있는 겁니다.

그런데 그거 아세요? 그 친구들은 여러분이 좋은 친구일 때만 친구가 되어주고(팔로잉), 여러분도 마찬가지도 도움이 되지 않는다고 판단하면 언제든지 절교(팔로우 취소) 할 수 있습니다. 그럼 좋은 친구는 어떤 친구일까요?

a. 내가 한 말에 공감해주고 위로해주고 - "좋아요"와 댓글
b. 내가 좋은 사람이라고 다른 친구에게 소개해주고 - 공유
c. 내가 한 말을 소중하게 메모해주는 - 저장

a, b, c를 열심히 해주는 친구가 좋은 친구겠죠? 그럼 반대로 좋은 친구가 되기 위해서 어떻게 해야 할까요? 당연히 나도 a, b, c를 열심히 해야 합니다. 그런데 인스타그램에는 친구 사이에 무언가가 있습니다. 그게 바로 좋은 콘텐츠입니다.

a. 공감과 위로가 되는 콘텐츠
b. 남에게도 보여주고 싶은 콘텐츠
c. 저장하고 다시 보고 싶은 콘텐츠

인스타그램은 아무런 보상도 하지 않습니다

빌 게이츠가 한 말 중에 Contents is king! (1996. 3. 1)이라는 명언이 있습니다. 콘텐츠가 왕이다. 맞습니다. 좋은 콘텐츠는 친구를 만들어주고 더 나아가 나를 유명하게 만들고 궁극적으로는 내가 인스타그램을 하든 유튜브를 하든 돈을 벌게 해줍니다.

그런데 말이죠. 사실은 돈은 우리가 벌지 못하고 있습니다. 우리는 블로그에, 인스타그램에, 유튜브에 무상으로 우리의 좋은 콘텐츠를 무한정 공급합니다. 블로그에 글을 쓰면 네이버가 돈을 주나요? 인스타그램은요? 유튜브는요? 직접적으로 원고료라는 개념으로 돈을 콘텐츠 제작자에게 주지는 않습니다. 플랫폼 사업자는 콘텐츠를 올릴 시장만 만들고 운영하고 실제 그 플랫폼에 콘텐츠를 올리는 우리는 돈을 벌지 못합니다.

물론 광고가 붙어 수익이 생기기도 합니다. 네이버 블로그에서는 에드포스트, 홈페이지 운영은 애드센스, 유튜브도 애드센스를 설정하고 일정 조건을 만족해야 내 콘텐츠에 광고를 끼워서 그걸 노출하고 광고 수익을 플랫폼과 나누게 됩니다. 광고 수익은 콘텐츠 제작자에게 골고루 분배되지도 않습니다. 결국 광고가 많이 붙는 대형 인플루언서, 유튜버들에게만 쏠리게 되는 현상이 자연스럽게 나타납니다. 그러니 남의 콘텐츠를 베끼고 여러 개의 계정을 공장 돌리듯 운영하면서 쓸모없는 콘텐츠를 양상하고 있는 사태가 발생하기도 했습니다.

최근엔 인스타그램에서도 광고 수익 시스템을 도입하는 중입니다. 결국 사람들은 돈을 주는 곳으로 움직이게 되어 있습니다. 에드포스트로 수익을 낼 수가 없던 많은 블로거가 유튜브로 옮겼던 것처럼 결국 인스타그램도 돈을 주는 플랫폼에 유저들을 뺏길 수밖에 없다는 긴장을 항상 하고 있을 겁니다.

플랫폼은 종종 어장에 비유하고 합니다. 어장이 망가져서 물고기가 빠져나간다면, 결국 광고주들도 떠납니다.

직접적으로 돈을 받지도 못하는 플랫폼에 우리는 자기 돈을 써가며 콘텐츠를 만들고 있는 것이죠. 그러면 우리는 도대체 어디서 수익을 만들어야 할까요? 광고 수익도 안 생기는 플랫폼에서 무엇을 해야 수익이 생길까요?

여기서 인스타그램을 하는 목적을 분명하게 정해야 내 돈을 쓰더라도 더 많은 돈을 벌 수 있고, 내 매장을 홍보하고 손님들을 끌어올 수 있고, 내가 파는 제품을 더 많이 팔 수 있고, 계정을 키우고 팔로워가 많아지고 협찬받고, 원고료를 받고 리뷰 콘텐츠를 만들고 공동구매를 진행하여 수익을 만들 수 있습니다.

아직 인스타그램을 하는 이유가 개인적인 취미이자 소소하게 소통하는 목적이라고 생각하신다면, 이 책을 덮으세요. 그리고 쓰레기통에 던져 넣어도 좋습니다.

나의 욕망을 솔직하게 드러내세요

다시 한번 이 책에서 다룰 주제를 상기시켜 드린다면, 우리는 인스타그램을 통해서 유명해지고 돈을 벌고 싶은, 남에게 솔직하게 말하기 불편한 우리의 욕망을 채우는 방법을 배우게 될 것입니다. 분명히 여러분들의 노력 정도와 어느 정도의 운이 작동할 것입니다. (무조건 이 책대로만 하면 성공한다는 식으로 단언할 수 없는 점입니다. 100% 자기계발서에서는 실행을 강조합니다. 아무것도 하지 않는 데 어떤 결과도 생기지 않는 건 당연한 이치입니다.)

커피를 좋아하고 카페를 다니기 좋아하는 어떤 인스타그램 사용자가 있습니다. 오늘도 핫하다는 카페를 찾아가서 내 돈 내고 더티 플레이팅 커피를 주문하고, 최대한 예쁜 각도로 사진을 찍는 수고를 해가며, 그 누구도 부탁한 적 없지만, 그 가게 홍보나 대신해주고 있었다면, 앞으로는 절대 공짜로 그런 일을 해줄 필요가 없습니다.

다른 사람들이 내 사진에 '좋아요'를 눌러주고, 잘 보고 간다는 댓글을 남겨줍니다. 누군가는 사진이 너무 좋아서 그런데 퍼갈 수 있냐고 물어보기도 하죠. 기분은 좋을지 모르지만, 그것 말고는 아무런 이득은 없습니다.

다른 인플루언서처럼 초대도 받고 싶고 제품협찬도 받고 싶은데, 방법을 알 수 없고, 또 누가 먼저 제안해주기 전까지 직접 내 입으로 말하기도 부끄럽다고 생각하고 있습니다. 하지만 마음속 깊은 곳에서는 욕망을 드러내고 싶습니다.

그런데 이 책에서는 욕망을 드러내는 방법을 알려드릴 겁니다. 그리고 그대로 그렇게 해보세요. 그러면 분명 여러분의 욕망을 받아들이는 사람이 나타납니다. 욕망은 숨겨두면 아무도 알아주지 않습니다. 욕망을 드러내는 순간 조금이라도 예전과 달라지는 점이 생깁니다.

어떤 카페에서 무료로 메뉴를 제공해줄 테니 방문해달라는 연락을 받게 될 겁니다. 왜냐하면 그런 목적을 인스타그램에 드러내고 인스타그램을 하면 되기 때문입니다. 내 욕망을 드러내시면 됩니다. (욕망을 드러내는 방법은 책에서 자세히 다루겠습니다) 그러면 그 욕망을 채워주는 사람이 반드시 나타납니다. 공짜로 커피 마시기? 이건 최소의 수익일 뿐이고, 여러분의 인스타그램이 가진 영향력에 따라 콘텐츠 제작료를 지급하면서까지 여러분의 인스타그램에 사진을 올리고 싶은 카페들이 줄 설 수도 있습니다.

왜냐하면 광고하고 싶은 업체로서는 대행사를 통해 광고를 진행하는 것보다 여러분들과 같은 인플루언서를 직접 통하는 편이 훨씬 싸게 먹히기 때문입니다. 이미 서론 부분에서 잠깐 다룬 적이 있습니다. 서로 윈윈인데 하지 않을 이유가 없습니다. 이것은 하나의 예시일 뿐입니다. 저는 제 책의 독자들이 인팔이(인스타그램으로 물건 파는 사람)가 되는 것을 원치 않습니다. 목적을 어디에 두느냐 여러분들이 결정할 것이고 그 목적이 만약 인팔이라면 응원하겠습니다. 돈을 번다는 건 나쁜 방법만 아니면 아주 고귀한 행위라고 생각합니다. 열심히 벌어서 기부도 하면서 더 크게 일어나시면 좋겠습니다.

소소하지만, 자세하게 정하세요

여러분이 인스타그램을 하는 목적이 무엇인지 정확하게 알 수 있나요? 막연하게는 안 됩니다. 구체적으로 작성할 수 있어야 합니다.

팔로워 1만 명, 게시물 평균 조회수 1,000회, '좋아요' 평균 100개 이런 정량적인 수치들은 우리의 목적이 무엇이든 간에 의미가 없습니다. 이런 수치를 달성한 다음에 본인에게 직접 물어보세요.

팔로워 1만 명 채웠다! 그래서 뭐? 기분 좋아지려고 인스타그램 하는 건가요? 위와 같은 수치를 기록하는 건 쉬운 일인가요? 내 돈을 안 쓰고도 저런 콘텐츠를 만들 수 있을 만큼 지식이 풍부하신가요? 사진을 잘 찍으시나요? 릴스를 잘 만드시나요?

인스타그램을 하는 목적을 정할 때, 인스타그램에서 보여주는 막연한 수치를 달성하는 데 의미를 두면 안 됩니다. 아직 저자가 어떤 말을 하고 있는지 모르겠지요? 제가 하고 싶은 말은 여러분이 운영할 인스타그램의 주제, 즉 콘셉트를 정하라는 겁니다. 기존에 인스타그램 계정이 있었다면 그냥 그대로 두고, 새로운 계정을 만드시면 됩니다. 아! 초보자라서 인스타그램 가입하는 방법조차 모른다고요? 괜찮습니다. 제가 좋은 선생님을 소개해드리겠습니다. 공짜이고 평생 물어볼 수 있는 아주 괜찮은 선생이 있습니다.

인스타그램 가입하는 방법, 계정을 만드는 방법, 새 계정을 추가하는 방법 이런 기술적인 내용은 이 책에서는 다룰 생각이 없습니다. 유튜브에 가서 정확하게 "인스타그램 가입하는 방법"이라고 검색하고 가장 최근에 등록된 영상을 하나 보면서 따라 하면 됩니다. 기능적인 공부가 필요하면 유튜브만큼 좋은 선생님이 없습니다.

여러분은 인스타그램 강사를 하실 건가요? 그래서 방법을 외우고 누구에게 또 가르쳐 주실 건가요? 그게 아니라면 일회성의 방법들은 공부하는 게 아닙니다. 유튜브와 네이버에 널려있는 강의를 참고하고, 실행하고, 잊어버리세요. 다음에 또 필요하다면 그때 다시 검색하면 됩니다. 집 가까운데 마트가 있는데, 우리 집 냉장고에 가득 마트 물건을 미리 사두는 건 바보스러운 일이 아닐까요?

책에서는 여러분들이 꼭 알아야 하는 것들은 네이버나 유튜브에서 어떤 문장으로 검색해야 하는지 알려드릴 겁니다. 이 책에서 모든 목차의 내용을 다룬다면, 아마 책은 2,000페이지가 넘어갈지도 모릅니다.

새로운 계정을 만들었다면, 어떤 내용으로 채워나갈지를 정해야겠죠? 그래서 콘셉트가 필요합니다. 단 하나의 계정은 하나의 주제만 다루어야 합니다. 지금까지처럼 중구난방으로 아무거나 올리고 싶다고 올리면 안 됩니다. 그리고 기존에 운영하던 인스타그램은 그냥 잊으세요. 새 술은 새 부대에 담아야 합니다. 기존 계정은 운영 기간에 상관없이 여러분이 엉망진창으로 관리해서 그런 성격으로 고착되어 있습니다. 알고리즘이 더 이상 여러분의 예전 계정을 잘 살펴보고 새 마음 새 뜻인지 알아주지 않는다는 뜻입니다.

새로운 계정은 여러분의 취미 중 하나, 혹은 키우는 강아지, 혹은 좋아하는 커피, 운영 중인 매장, 뭐든 상관없습니다만. 단 1개의 주제만을 올려야 합니다. 그리고 중요한 점은 여러분이 정한 주제가 절대로 개인적인 것이면 안 된다는 것입니다. 아무도 관심이 없는 주제는 하고 싶어도 하지 마세요.

진짜 주제를 못 잡겠으면, 제 카카오톡 아이디 윤들닷컴을 검색해서 상담하셔도 좋습니다.

만일 여러분이 지독한 커피 마니아라면, 너무 훌륭한 주제입니다. 어차피 매일 마실 것이고, 카페도 자주 갈 것이고, 커피용품도 살 것이고, 사진과 동영상으로 보여줄 수 있는 것이 넘쳐날 것이기 때문입니다.

1일 1콘텐츠 주제를 선정하세요

커피가 너무 포괄적이라면 많은 사람이 관심을 더 가질 것 같은 주제로 좁혀보겠습니다. 카페와 베이커리 카페만 주제로 삼고 인스타그램을 운영하세요. 자주 방문을 못 해서 1일 1포스팅조차 불가능하다면, 한 번 방문에 여러 가지 콘텐츠를 뽑아내면 됩니다.

한 카페를 방문했다면, 첫 번째 콘텐츠는 카페의 인테리어와 분위기만 사진과 영상으로 담습니다. 두 번째 콘텐츠는 주문한 메뉴에 관한 내용만 씁니다. 그리고 마지막으로는 멋진 배경의 셀피 사진을 여러 장 찍어주세요. 얼굴에 자신이 없다면 신체 일부만 나와도 됩니다.

이렇게 콘텐츠 기획을 하면, 다음에도 카페에 갈 때마다 패턴이 생깁니다. 루틴대로 촬영하고 콘텐츠를 만들면 됩니다. 그러면 피드가 어떤 형태로 만들어질까요? 다음 이미지를 보면서 상상해보시기 바랍니다.

반드시 하나의 주제만 다루되, 패턴화를 시킬 수 있다면 여러분의 인스타그램은 정갈한 느낌, 전문적인 분위기를 만들어 냅니다. 그리고 다른 사람들이 찾아왔을 때 여러분의 피드를 보고 팔로잉할지 말지 결정하기 때문에 철저한 관리가 필요합니다. 이 부분은 중요하니 책의 뒷부분에서 자세하게 언급하겠습니다.

이제 의문이 생길 겁니다. 내 돈을 써가며, 카페를 방문하고 계속 콘텐츠를 만든다면 어떤 일이 생기나? 그게 수익으로 이어지나? 제일 궁금한 부분이죠? 이런 계정을 만들어도 월 수백 수천만 원의 수익이 생길까요?

아니요. 그런 일은 생기지 않습니다. 다만, 말씀드릴 수 있는 건 최소 여러분이 계속 자기 돈을 써가며 카페를 찾아다닐 일은 더 이상 생기지 않을 거라 확언합니다. 기간이 얼마나 걸릴지는 모릅니다. 여러분들과 같은 주제나 컨셉을 이미 하는 사람이 있을 것이고 그 계정이 여러분들보다 팔로워가 더 많다면, 아마도 카페 주인은 그 사람을 섭외하고 싶을 겁니다. 그런데 카페 주인이 잘 알지 못하는 사실이 하나 있습니다. 그 사람의 팔로워들이 모두 자기 카페를 와줄 수 있는 곳에 살고 있을까요? 그렇다고 하더라도 그 사람의 콘텐츠를 보고 카페를 방문해줄까요?

절대 그렇지 않습니다.

좋은 콘텐츠를 만들 수 있는 주제

중요한 것은 팔로워 수가 아니라 여러분이 작성한 콘텐츠가 인스타그램에서 알고리즘이 얼마나 괜찮은 콘텐츠인지 파악하게 만들어서 콘텐츠 자체를 상위노출 시켜야 한다는 것입니다. 어떤 유명한 카페가 생겨나면 자연스럽게 많은 사람의 인스타그램에 사진이 올라오고 하나의 해시태그로 그 콘텐츠들이 모이게 됩니다.

아직 그 카페를 가본 적이 없는 사람은 가보기 위해서, 어떤 사진들이 올라왔는지 어떤 메뉴가 있는지 궁금해서 해당 카페의 상호면 (해시태그)를 검색해봅니다. 수많은 사진이 위에서부터 아래로 내려가면서 펼쳐집니다. 이때 스크롤 하지 않고 위에 있는 콘텐츠들 소위 상위 노출된 상태라고 말하는 겁니다.

결국 카페 사장으로서는 수많은 콘텐츠가 있지만, 상위에 있는 콘텐츠가 많을수록 유리하다는 걸 알게 됩니다. 상위노출이 된 콘텐츠는 또 다른 팔로워를 불러옵니다. 저자가 인스타그램의 콘텐츠가 휘발된다고 앞서 이야기하였습니다만 상위 노출된 콘텐츠들은 생명력이 그만큼 더 늘어났습니다. 그리고 검색 결과로 오래 살아남아서 여러분의 계정에 더 많은 방문과 팔로워를 늘려주게 됩니다.

'인스타그램을 하는 목적' 이렇게 정해보세요

카페를 좋아하고 매일 가고 싶은데, 용돈이 부족해서 부담스럽다. 그래서 인스타그램에서 카페 소개 계정으로 유명해지고, 그 후에 카페 사장님들이 내 계정을 알게 되면, 협찬받거나 콘텐츠 제작비를 받아서 내 계정에 소개해주자. 그리고 피드에 올리는 게시물과는 별개로 릴스용 영상도 만들어 올려주고 제작비를 추가로 더 받을 정도의 수준까지 인스타그램 계정을 운영해보자.

최초의 목적은 협찬받아서 내 취미인 커피를 즐기는 데 사용되는 내 지출을 줄이는 것입니다. 더 나아가서는 지출을 0으로 만들고 수입을 만들어가는 것입니다. 최종 목적은 인스타그램을 부수입을 만드는 것입니다.

아직도 모르겠나요? 수십만 원을 벌기 위해서는 몇만 원부터 시작해야 합니다. 몇만 원을 벌 수 있는지도 모르는데 한 달 수익 몇백만 원은 아무런 의미가 없는 목표입니다.

인스타그램 계정은 이상한 짓만 하지 않는다면 점차 성장하는 것이 정상입니다. 그 속도의 차이가 있을 뿐입니다. 요즘은 포화상태에 이른 것 같지만, 지역별로 잘 나가는 맛집 정보를 올려주는 큐레이션 인스타그램 계정을 보면 보통 2~30만 명의 팔로워만 가지고 있어도, 그 지역의 돈을 끌어모으고 있습니다. 잘 키운 맘까페, 잘 키운 페이스북, 잘 키운 인스타그램으로 이미 돈방석에 앉은 사람들도 많습니다. 벤치마킹해서 공부할 수 있는 수많은 사례가 인스타그램에 넘쳐 납니다.

이런 계정들도 처음에는 개인 돈 회삿돈으로 맛집 찾아다니면서 사진 찍어 자료 모르고, 나중에는 다른 계정들에 DM 보내서 구걸해서 사진을 모아서 큐레이션 콘텐츠를 만들었습니다. 아마 여러분들 중에 댓글이나

DM으로 사진 구걸하는 계정을 만나보았을지도 모르겠습니다. 티끌 모아 태산이란 말이 어울리는 것 같군요. 저자는 사실 괘씸해서 절대로 허용하지 않는 편입니다만, 제 주변에도 이런 사업으로 때 돈을 번 사람이 있어서 살짝 배가 아픈 건 사실입니다.

지금 모든 것을 다 알 필요도 없고, 천천히 책을 정독하시면서 내용을 머릿속에 담아가시면 됩니다. 단계별로 차근차근 친절하게 알려드리겠습니다.

사실 저자도 장황한 이론적인 설명을 쏙 빼놓고, 실무적인 것만 딱 집어서 집필하고 싶습니다만, 인스타그램에서 사람들의 심리와 인스타그램의 알고리즘, 그리고 우리가 목적한 바를 달성해 나가는 과정은 기술만 알아서는 안 되는 부분이 많습니다. 기술에 매몰되면 어느 순간 폭망하는 상황이 반드시 옵니다.

저는 여러분께 황금알을 낳는 오리를 드리면서, 동시에 칼을 내어드리는 짓을 하지 않을 것입니다. 충분한 시간을 들여서 제가 말하는 내용을 들으시면 평생 황금알을 낳아 줄 오리와 행복한 시간을 오래오래 보낼 수 있을 것입니다.

추천사

사진 한 장 올리는 기능이 다였던 인스타그램은 엄청 진화했고 사람들 행동을 바꿨다. 인정하건 안하건 점차 많은 사람들이 무의식적으로 식당을 선택할 때 인스타그램에 올렸을 때 반응을 고민한다. 여행을 갈 때도, 커피를 마시러 갈 때도. 인스타그램으로 인해서 창출되는 시장은 계속 커지고 있고 이제 인스타그램만으로 수익을 창출하는 사람들이 생겼고, 인스타그램으로 식당을 홍보해서 대박집이 되는 경우도 속속 등장한다.

[욕망의 인스타그램]은 이런 상황에서 인스타그램 운영을 고민하는 사람들에게 담백하고 솔직한 정답을 보여준다. 도움 되는 인스타그램 운영 사례와 저자의 평소 성격이 반영된 솔직한 글이 이 책의 멋진 장점들이다. 인스타그램을 멋지게 운영하고 싶은 분들이라면 반드시 읽었으면 한다.

- 인스타그램 심리학 저자 문영호

욕망을 드러내는
첫 번째 방법

—

프로필 관리

인스타그램 프로필 관리하는 방법은 인스타그램에서 정해진 규칙대로 입력 칸을 채워 넣는 행위입니다. 어떤 내용을 채울지는 사용자가 정할 수 있습니다. 프로필을 관리하는 방법에 대한 기능적인 부분은 유튜브에서 **인스타그램 프로필 편집**이라고 입력해보면 강의 영상이 많이 등록되어 있습니다. 기능 업데이트가 잦은 부분이니 비교적 최근에 등록된 영상을 참고하시면 됩니다.

(주의) 해당 검색어는 사람들이 많이 궁금해하는 내용이므로 클릭을 유도하기 위해 인스타그램 프로필 편집과는 무관한 내용이 영상의 제목으로 되어 있는 예도 있습니다. 프로필 편집에 관한 내용만 보시면 됩니다.

저자가 특정 영상을 바로 알려드리지 않는 이유는 해당 영상이 언제 없어질지 모르는 유튜브의 특성 때문이고, 여러분이 알고자하는 기능을 유튜브에서 찾아내는 연습도 함께 해보길 바라서이기도 합니다.

저자의 인스타그램 계정을 살펴보겠습니다

저자의 인스타그램 계정 중에서 캠핑을 주제로 운영하는 계정을 사례로 들어 설명하도록 하겠습니다. 저자는 캠핑을 주제로 유튜브 채널도 운영하고 있으며, 사진과 릴스를 공유하기 위해 인스타그램도 운영하고 있습니다.

3,000명을 겨우 넘은 작은 계정이지만, 목적을 분명하게 설정하고 계획적으로 운영하고 있어서 캠핑 브랜드로부터 캠핑용품을 무료로 협찬받거나 콘텐츠 제작비도 받으면서, 캠핑이라는 취미생활에 지출되는 비용을 줄이고, 사용해보고 싶은 캠핑용품도 내 돈 한 푼 들이지 않고 가질 수 있었습니다.

심지어는 캠핑에서 먹는 음식들도 주기적으로 지원받고 있습니다. 주 1회 정도는 캠핑을 나가고 있으니 한 번 캠핑에 지출하는 비용도 꽤 많이 나가는 편이었습니다. 캠핑 장비, 음식, 주유비, 톨비, 장작, 등유 등 한 번 캠핑할 때 지출되는 비용은 1박 2일 기준으로 5만 원 ~ 10만 원 정도이며, 가족들과 함께 캠핑하거나 지인을 초대하는 캠핑을 하게 되면, 2배 이상 비용을 지출하기도 합니다.

이제는 협찬받으면서 취미생활을 즐기기 때문에 협찬에서 제외되는 지출 비용만 부담하고 있습니다. 한 번 캠핑에 지출되는 비용의 1/2 이상이 절약되고 있고, 가끔 목돈이 나가는 캠핑용품 구매 지출도 많이 줄어서 제 용돈마저 절약되는 이득을 보는 중입니다.

처음부터 캠핑 인스타그램 계정을 운영하는 목적을 정해두었습니다.

목적	1회 캠핑에 지출되는 비용을 5만 원 미만으로 만든다
방법	- 고정 지출인 캠핑장을 협찬받는다 - 캠핑에서 먹을 음식과 주류 등을 협찬받는다
구현	- 캠핑장 인스타그램 계정에 DM을 보낸다 - 인스타그램 협찬 이벤트에 적극적으로 참여한다

목적을 설정하고 캠핑 인스타그램 계정을 운영하면서, 2가지 방법을 달성하기 위해 초반에는 내돈내산한 캠핑 음식들의 사진을 많이 올렸고, 방문한 캠핑장의 사진과 리뷰 게시물을 주로 올렸습니다. 사진도 없고 팔로워도 얼마 없는 초반에는 협찬 이벤트에 참여해봐야 거의 당첨되지 않는다고 보면 됩니다.

일정 수준으로 계정을 키워두면 이벤트에 당첨될 확률도 올라가고 '아니면 말고 식으로' 직접 업체에 DM을 보내 협찬 요청을 해볼 수 있습니다. 업체로서는 이런 DM이 반갑지 않을 수도 있을 것이고, 소위 블로거지라는 말이 생긴 것처럼 여러분의 좋은 의도를 생각하지 않고 그냥 거지 근성으로 공짜로 물건을 내놓으라 하는 식으로 비춰 보일 수 있습니다. 따라서 어떤 식으로 DM을 보내는지에 대한 자세한 사례로 이 책에서는 다룰 것입니다.

협찬을 해주는 곳에서도 당연히 협찬해줄 대상이 먹튀인지, 협찬해주고도 멋진 사진을 올려주는지를 확인합니다. 그래서 인스타그램에 아무 게시물이나 올리면 안 된다는 뜻이기도 합니다.

저자와 비슷하게 취미생활을 하는 분 중에 인스타그램을 하는 분들은 블로그나 유튜브를 하는 경우보다 월등히 많습니다. 앞서 언급한 바 있지만, 장문의 글을 쓰거나, 영상을 찍고 편집하는 일보다 사진을 찍고 올리는 인스타그램의 간편성 때문이기도 하고, 영상이나 글보다는 사진으로 훨씬 더 멋진 상황을 연출해서 보여줄 수 있기 때문입니다.

저자의 캠핑 인스타그램 계정은 유튜브 채널의 보조적인 역할로 이용하고 있어서 처음부터 어떤 식으로 운영할지 목적을 분명하게 할 필요가 있었습니다. 콘텐츠를 만드는데 에너지를 덜 쓰고, 유튜브 영상에서 보여주기 어려운 부분을 사진 콘텐츠로 올리기 쉬우므로 협찬받은 제품을 인증하고 홍보해주기에도 편리하기 때문입니다. 유튜브는 영상의 길이가 길어서 영상 중에 잠깐 언급하고 지나가 버리는 협찬품의 소개는 단독 콘텐츠로 만들기에 어려움이 있기 때문입니다. 물론 콘텐츠 제작 비용 문제도 있고, 유튜브의 특성상 자꾸 제품협찬 상품만 노출하면 구독자들이 싫어하기 때문이기도 합니다.

저자의 캠핑 인스타그램 계정에는 다음과 같은 콘텐츠만 올리기로 정했습니다.

- 협찬받은 제품의 단독 소개 게시물
- 캠핑 분위기를 보여줄 수 있는 캠핑용품 세팅 사진 위주의 게시물
- 새로 방문한 캠핑장의 전경 사진 게시물
- 30초 정도로 표현할 수 있는 캠핑 순간 (요리, 불멍 등) 릴스 게시물
- 캠핑에 관한 개인적인 생각을 적은 글 위주의 게시물
- 유튜브 채널에 새로 공개되는 영상의 링크를 넣은 스토리 게시물

처음부터 위의 게시물만 올리기로 작정하고 인스타그램을 시작한 것은 아니며, 운영하다 보니 방향성이 생겨서 언급한 범위를 벗어난 게시물을 이제 등록하지 않으며, 과거에 올렸던 게시물은 일부 보관처리로 피드에서 보이지 않도록 관리하기 시작했습니다.

어느 정도 인스타그램을 하다 보면 사람들에게 별로 반응이 없는 콘텐츠가 어떤 것인지는 여러분 스스로 파악할 수 있습니다. 저자의 경우에는 주로 캠핑용품 사진에 피드백이 많았고, 가족들과 함께 캠핑한 사진에는 반응이 비교적 적었습니다. 따라서 점차 가족 캠핑하러 가게 되는 경우라도 굳이 사진을 올리진 않았고, 따로 운영하는 친척, 지인, 친구들만 아는 사적인 계정에 공유하고 있습니다.

아마도 저자가 유명한 연예인이었다면, 가족들 사진이 공개되면 엄청난 피드백을 받겠지만 일반인이 굳이 가족들을 드러낼 필요는 없으며, 연예인이라도 사생활이라고 생각되는 부분은 노출하지 않는 것이 당연합니다.

사용자 이름(아이디) 작명이 중요합니다

프로필 영역에 프로필 편집을 터치하면, 프로필 사진 / 이름 / 사용자이름(인스타그램 아이디) / 소개 / 링크 / 개인정보 설정 입력하는 부분이 나옵니다.

사용자 이름은 아이디이므로 자주 변경하는 것은 바람직하지 못하니 계정을 운영 초반에는 변경해도 좋지만, 팔로워가 생기기 시작하면 변경해서는 안 됩니다. 따라서 이름을 처음부터 잘 지어야 하는 것이 중요합니다.

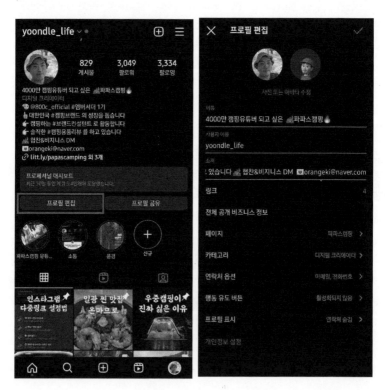

저자의 경우에는 출판사 이름이자 회사명이 윤들닷컴이라 예전부터 yoondle을 사용했고 yoondle_XXXX 식의 계정을 만들고 있습니다. 캠핑 유튜브를 시작하면서 유튜브 채널명처럼 파파스캠핑이라고 변경할지 꽤 오랫동안 고민했지만, 이미 팔로워 수가 2,000명을 넘기는 상황이라 변경하기가 어려웠습니다.

아이디는 계정 주인에게는 접속할 때 아이디의 역할만 하므로 복잡하게 해도 상관이 없다지만, 여러분 계정을 알리는 중요한 주소의 역할을 합니다. 실제로도 인스타그램의 아이디는 www.instagram.com/@yoondle_life 처럼 URL로도 사용이 되므로, 다른 사람이 알기 힘든 sekdjfhekajfh__.__231 이런 식의 계정을 절대로 사용하면 안 됩니다. 즉, 읽기 힘들고 입력하기 힘든 아이디를 만들지 말라는 뜻입니다.

이름은 목적을 포함해야 한다

사용자 이름은 아이디라고 설명했습니다. 따라서 특수문자나 한글을 마음 대로 사용할 수 없는 영역입니다. 이름은 인스타그램 계정의 별칭 같은 개념으로 한글이나 특수문자도 넣고 이모티콘도 넣을 수 있습니다. 사용 자 이름과 마찬가지로 자주 바꾸면 안 되는 영역이나 일정 기간을 두고 변경할 수 있도록 되어 있습니다.

프로필 영역에서 글자를 입력하는 부분들은 전부 인스타그램 검색기능에 서 검색의 결과로 사용됩니다. 따라서 이름 영역에는 여러분 계정의 운영 목적이 검색될 수 있도록 작성하는 것이 유리합니다.

저자의 캠핑 인스타그램 계정의 이름은 제대로 작성이 된 것이 맞을까 요? 점수로 따지자면 100점 만점에 60점 정도입니다. 이유는 다음과 같 습니다.

4,000만 캠핑유튜버가 되고 싶은 (이모티콘) 파파스캠핑(이모티콘)이라는 이름으로 작성된 문장에서 검색 결과로 나올 수 있는 키워드가 캠핑 유 튜버, 파파스캠핑 2개이고, 4,000만이라는 단어는 아무 의미가 없습니다. 사천만 땡겨줘요~ 라는 유행어를 사용했던 김숙 개그우먼의 계정은 매 우 큰 의미가 있습니다.

그러면 저자의 경우에는 캠핑 유튜버와 파파스캠핑 키워드를 필요한 단어이고, 그 외 단어는 의미가 크게 없다는 것을 생각해볼 수 있습니다. 그런데 여기서 더 중요한 것은 검색 결과로 나오는 게 중요한 것이 아니라 나를 검색하는 사람의 의도가 담긴 단어를 찾아내야 한다는 것입니다. 인스타그램에서 캠핑 유튜버를 찾는 사람이 있을까? 이유는 무엇일까? 인스타그램에서 파파스캠핑을 찾아보는 사람이 있을까? 이유는 무엇일까?

두 질문에 답변을 할 수 있어야 합니다. 해시태그는 아니지만 이름에 들어가는 단어는 인스타그램에서 검색 결과의 계정 부분에 노출이 됩니다. 저자는 이 부분을 인스타그램의 운영 목적을 반영하여 내 목적을 달성시키려면 어떤 사람들이 나를 찾을 것이고, 그 사람들이 어떤 단어를 써서 검색할 것인지를 고민해야 합니다.

캠핑 인스타그램 운영 초기에는 캠핑장 사진과 캠핑 음식 사진 위주로 올렸기 때문에 "캠핑장리뷰와 캠핑요리에 진심인 파파스캠핑" 이런 식으로 작성하면 되지만, 현재는 캠핑용품리뷰와 캠핑브랜드에 관심을 가지고 인스타그램을 운영하고 있습니다. 연관되는 단어로 #캠핑용품 #캠핑용품리뷰 #캠핑스타그램 #캠핑브랜드 등을 사용할 수 있지만, 캠핑용품을 제작하거나 유통하는 브랜드에서 협찬하기 위한 인플루언서를 찾는다면 #캠핑브랜드 단어는 검색 의도에 포함되지 않습니다.

따라서 현재 저자가 운영하는 인스타그램의 이름에는 #캠핑용품 #캠핑용품리뷰 #캠핑용품추천 #캠핑스타그램 등의 단어가 들어가는 것이 바람직합니다. 조금 더 깊게 들어가면 이런 단어들이 인스타그램에서 얼마나 사용되었는지 파악할 필요가 있습니다.

캠핑용품이라는 단어가 들어가는 4개의 키워드입니다. 인스타그램 검색에서 게시물을 등록할 때 해시태그를 사용한 횟수가 표시되는데, 3,000명

팔로워를 가진 저자의 계정에서는 사용횟수가 너무 많은 단어를 사용하지 않는 것이 좋습니다. 또한 #캠핑용품 #캠핑스타그램이라는 단어는 캠핑용품을 뭐 어떻게 한다는 서술어가 빠져 있고, 너무 큰 대형 키워드이므로 아직 저자의 인스타그램 단계에서는 맞지 않습니다. #캠핑용품리뷰 #캠핑용품추천 두 개의 단어 중에서 하나를 고른다면 비교적 경쟁이 덜 심한 #캠핑용품리뷰 단어를 고르는 편이 좋겠습니다.

이런 방식으로 좀 더 디테일하게 내 프로필의 이름에 들어간 적당한 단어를 찾아내어 내 브랜드와 적절하게 섞어서 문장형으로 표현해보겠습니다.

캠핑용품리뷰 진심인 파파스캠핑 이 정도의 문구라면 적당합니다. 내 브랜드와 내 인스타그램 계정이 어떤 목적으로 운영되는지를 보여줄 수 있습니다. 협찬 문의, 협찬 환영 등의 노골적인 문구를 넣어도 좋지만 이름 영역에는 깔끔하게 목적만 표시하는 것이 바람직합니다. 눈에 띌 수 있는 어울리는 이모티콘도 넣고 예쁘게 꾸며주도록 하고, 해시태그 표시는 넣을 필요 없습니다.

소개는 자세하게 노골적으로 작성

소개 영역은 좀 더 많은 글자를 입력할 수 있습니다. 150자 정도를 넣을 수 있고 4~5줄 정도로 정리해서 한 눈에 보이도록 작성합니다. 이름 영역에서 구체적으로 넣을 수 없었던 내용들이 들어가는데 캠핑용품리뷰를 하는 계정이라면 이름에서 사용하지 않았던, #캠핑용품추천 이라는 단어를 사용해도 되고, 추구하는 방향성 #감성캠핑 #생활캠핑 #미니멀캠핑과 같은 단어를 사용해도 됩니다. 당연히 해시태그 검색량을 확인해서 내 계정의 수준에 어울리는 단어들을 선별하는 것이 중요합니다. 150자밖에 안 되는 공간에 검색에 나오지 않는 단어들을 욕심내어 적을 필요는 없습니다.

하나 간과하면 안 되는 것이 있는데, 해시태그의 나열과 150자를 채운 계정을 가끔 만납니다. 이런 계정을 보면, 진정성도 없어 보이고 노출에만 관심이 있다는 생각이 들게 마련입니다. 4~5줄 정도를 작성할 때 한 줄에 내 수준에 맞는 해시태그를 하나씩 넣어서 문장을 만들어보면 좋습니다. 저자의 계정에는 아래와 같이 소개 문구를 넣었는데, 조금 더 다듬어 보기로 하겠습니다.

이름 부분도 변경하려고 했으나 집필 당시에 변경한 지 14일이 지나지 않아서 바꿀 수가 없던 상황이어서 그대로 두었습니다.

외부링크 활용하기

최근 인스타그램에도 변화가 생기기 시작했습니다. 오래된 유저들의 요구 사항이었는데, 조금 늦은 감이 있지만, 프로필 영역의 외부링크 개수가 늘어났습니다. 인스타그램에서 링크를 달 수 있는 부분은 스토리에 게시물을 작성할 때, 프로필 영역에 1개만 가능했습니다. 피드 게시물에는 링크를 사용할 수 없었고, 인스타그램을 프로페셔널 계정으로 변경해서 유료 광고를 집행하면 외부링크를 달 수 있었습니다.

따라서 인스타그램으로 물건을 파는 계정에서는 유료 광고를 하거나 혹은 게시물에 프로필 링크로 가서 링크를 누르라는 메시지를 남기기도 했습니다. 만약 온라인쇼핑몰을 운영한다면 홍보하려는 제품이 여러 개일 텐데, 프로필 링크에서는 하나 밖에 링크를 걸지 못하니, 해결책으로 one-page로 구성된 홈페이지를 하나 만들어서 링크를 걸어두거나 혹은 litt.ly 같은 원페이지를 만들어주는 서비스를 사용해야 했습니다. 저자도 여러 개의 링크를 사용하고 싶어서 리틀리 서비스를 사용하고 있습니다. **리틀리를 사용해보고 싶으시다면, 유튜브에서 "리틀리 사용법" 키워드를 입력하여 검색하시면 됩니다.**

현재 인스타그램에서 자체 기능으로 설정할 수 있는 외부링크의 개수는 총 5개까지 지원하며, 인스타그램과 연결된 페이스북 계정도 하나 연결할 수 있습니다.

외부링크를 5개 사용할 수 있으니 예전보다는 더 편해진 건 사실이지만, '외 4개' 이런 식으로 프로필 영역에 표시되므로 사용자는 어차피 추가된 링크를 확인하려면 한 번 더 터치해야 하는 불편함이 생겼습니다.

온라인마케팅 관점에서 보자면, 고객이 내가 정해둔 목적지까지 한 번에 이동시키는 것이 제일 좋은 방법입니다. 퍼널이라는 어려운 말을 사용하지만 결국은 몇 단계를 거쳐서 상세페이지로 보내느냐가 중간 이탈을 막을 수 있기에 다중링크 기능이 생기긴 했지만, 온라인쇼핑몰을 운영하는 인스타그램 계정에서는 유료 광고로 광고에 연결된 상세페이지로 한 번에 링크시키는 방법을 여전히 사용할 것으로 생각합니다.

추천사

인스타그램을 마케팅 채널로 이용하는 마케터이자 강사로서, 시장에 나온 인스타그램 마케팅 책은 다 읽었지만, 모두 "해시태그를 잘 써야 한다" "팔로워 관리를 해야한다" 수준 정도의 책이었지만, 이 책은 논리적으로나 실무적으로나 훨씬 더 깊고 많은 내용을 다루고 있습니다.

실무자로서 반박할 여지가 없는 완벽한 책입니다.

- 인스타그램 해시태그 저자 조영빈

인스타그램은
잘 꾸민 다이어리처럼
보여야 한다

인스타그램을 잘한다는 것은 다양한 의미를 지니지만, 일반적으로는 피드의 일관성을 말합니다. 피드는 여러분이 인스타그램 계정에 올린 각종 사진과 동영상이 과거에서 현재 순으로 격자 모양으로 배치된 레이아웃을 의미합니다. 이 피드는 인스타그램 계정의 프로필 페이지 안에 있습니다. 누군가가 여러분을 검색했거나, 해시태그를 통해서 우연히 알게 되었거나, 검색 영역에서 노출된 여러분의 게시물을 보고 어떤 사람인지 궁금해서 아이디를 누르면 해당 인스타그램의 프로필 페이지로 이동합니다.

프로필 페이지를 보는 것은 그 사람의 뒷조사를 하는 것과 마찬가지입니다. 이때까지 어떤 게시물을 올렸는지 프로필 영역에 어떤 식으로 자기소개 글을 써놨는지 개인인지 브랜드인지 혹은 사기를 치려는 가짜 계정인지를 확인하려고 하는 행동입니다.

그 후에는 방문한 인스타그램 계정을 팔로우하고, 다음에도 자신의 홈 피드(집 모양 아이콘)에서 해당 인스타그램 계정에서 올린 게시물을 굳이 검색해서 찾지 않더라도 볼 수 있게 되도록 합니다.

그런데 만약 뒷조사하는 과정에서 피드가 엉망진창으로 관리가 되어 있거나 주제의 일관성이 없거나 혹은 사진이 별로 예쁘지 않거나 여러 가지 이유로 마음에 들지 않는다면 그 계정을 팔로우하고 싶은 마음이 들지 않습니다. 저자가 인스타그램을 잘 꾸민 다이어리처럼 만들라고 하는 이유는 바로 여기에 있습니다. 찾아온 물고기는 어장에 가두어 두길 바랍니다.

학창 시절 다이어리 같은
잘 꾸며진 인스타그램

여러분 학창 시절에 다꾸(다이어리 꾸미기)를 해보신 적이 있나요? 저자는 초등학교 세대이지만, 4학년 정도에 다이어리를 가지고 다니는 것이 유행한 적이 있어서 지금과 같은 다꾸와는 좀 다르지만, 스티커도 붙이고 형광펜과 색연필도 알록달록 예쁘게 꾸몄던 기억이 납니다. 누가 더 잘 꾸몄는지 친구들끼리 자랑도 하고 했었습니다. 다이어리 유행이 한창일 때 대체로 아이들은 다이어리를 사용하는데 그냥 메모만 하지 않고 일정한 자기만의 패턴대로 다이어리를 꾸미고 있었습니다.

혹시 마음에 들지 않게 꾸며진 페이지가 있으면 찢거나 스프링 바인더에서 한 장을 슬며시 들어내고 다시 꼼꼼하게 복제 페이지를 만들기도 했습니다. 지금도 기억나는데 정말 그 시절엔 제일 소중한 물건 중의 하나였던 것으로 추억하고 있습니다.

저자는 여러분이 인스타그램을 이용하면서 마치 어린 시절 다꾸를 했던 마음으로 운영해야 한다고 강하게 말하고 싶습니다. 잘 꾸며진 다이어리에서 어린이지만 개성과 성격이 드러나고 소중하게 다루는 마음을 볼 수 있듯이, 우리가 하루에도 몇 번씩 들여다보고 사진과 동영상을 올리는 인스타그램도 남들 다하니까 마지못해서, 홍보에 도움이 된다니깐 확인도 해보지 않고 무조건 따라서 하지 말고, 정성을 다해 꾸미는 것이 좋습니다.

정성스럽게 관리한 인스타그램의 피드를 보면, 계정 관리자의 성격과 취향, 미적 감각, 관심사 모든 것을 한눈에 볼 수 있고, 인스타그램을 열심히 하는 계정인지 아무거나 막 올리는 계정인지, 아니면 눈팅만 하는 계정인지도 쉽게 파악할 수 있습니다. 여러분은 누군가와 인스타그램을 친구를 맺고 싶을 때 그 사람의 인스타그램 프로필 페이지로 들어가서 이때까지 올린 피드를 주르륵 빠른 속도로 스캔하고 파악합니다. 짧은 순간이지만, 사람의 직관이란 제법 정확하게 동작하고 있으므로, 저자가 아래에 보여주는 피드 중에서 어떤 계정을 팔로우할지, 혹은 무시할지, 혹은 나를 팔로잉하고 있더라도 삭제할지 결정할 수 있습니다.

다음에 소개하는 계정들은 지면으로 분위기를 파악하기 어려우니 꼭 아이디를 검색해서 직접 인스타그램 앱에서 확인해보면서 저자의 설명을 참고하시기 바랍니다. 잘 운영되고 있는 다양한 인스타그램 예시를 통해 여러분들도 어떤 방식으로 소중한 다이어리 같은 내 인스타그램을 만들 것인가 생각해보도록 하세요.

부산 식당 정보의 아카이브 @ekekek

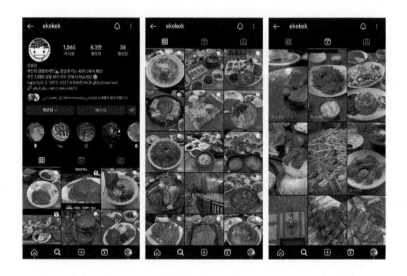

생활외식인 츄릅켠의 개인 계정입니다. 가성비 좋은 부산 식당들을 소개하는 인스타그램으로 인스타그램보다는 유튜브 영상이 아주 재미있는 인플루언서이자 유튜버입니다. 소위 인스타그램빨로 먹고 사는 음식점은 없고, 로컬 맛집만 다루고 있어서 저자는 블로그보다는 츄릅켠 인스타그램 계정을 방문해보고 식당을 고르기도 할 만큼 대부분 부산 로컬 맛집을 다루고 있습니다.

저자가 인스타그램을 보고 운영하는 방식을 참고하는 몇 안 되는 계정 중의 하나인데, 해시태그를 기가 막힐 정도로 잘 운용하고 있습니다. 예를 들어, #수영구츄릅 #민락동츄릅과 같이 '지역명+츄릅'을 사용하여 특정 동네의 모든 정보를 하나의 해시태그에서 찾아볼 수 있게 합니다. 그리고 #츄릅켠라멘 #츄릅켠일식처럼 '츄릅켠+음식명' 조합으로 음식 이름으로 해시태그를 작성하는 콘텐츠 그룹화 전략을 사용합니다. 만일 저자가 부산 광안리를 방문할 계획이라면 인스타그램에서 #광안리츄릅을 검색하면 되고, 돈까스가 먹고 싶다면 #츄릅켠돈까스를 검색하면 됩니다.

다만 인스타그램 내에서 해시태그로만 콘텐츠 그룹화를 하므로 인스타그램에서 두 개의 그룹을 동시에 검색해서 교집합을 찾을 수는 없지만, 검색 결과에 나오는 사진들을 순식간에 훑어볼 수 있어서 저자는 지역명+츄릅 방식으로 돈까스 식당을 쉽게 찾아낼 수 있었습니다.

사진을 매우 잘 찍는 편은 아니지만, 게시물의 첫 번째 사진에서 어떤 음식인지 바로 인식할 수 있게 사진을 찍어서 올리는 편입니다. 카페 정보를 잘 정리한 인스타그램 계정과 비교하면 무드의 일관성은 미흡하다고 할 수 있지만, 식당을 손쉽게 찾아볼 수 있도록 하는 콘텐츠 아카이브로서는 정말 훌륭하게 계정을 운영하고 있다고 말할 수 있습니다.

유튜브 츄릅켠 채널도 맛깔스러운 멘트와 솔직한 맛평가로 재미있는 영상이 많이 올라오니 한 번 유튜브를 통해 영상을 보는 것도 추천해 드립니다.

캠핑 브랜드의 사진가 @lukas_sr

많은 캠핑 브랜드와 사진으로 협업하는 인스타그램 계정입니다. 마치 사진작가의 포트폴리오 같은 느낌으로 운영되고 있고, 제품 특성에 맞게 야외, 캠핑장에서 다른 캠핑용품과 자연스럽게 어우러지게 촬영하여 제품이 보다 돋보이게 만드는 능력자입니다. 아무래도 의뢰하는 캠핑브랜드에서는 어떤 분위기로 자신들의 제품이 촬영될지를 확인할 수 있으니 홈피드를 꼼꼼하게 관리할 수밖에 없습니다. 홈피드의 사진과 릴스가 결국은 촬영의뢰로 연결되는 계약서나 마찬가지이기 때문입니다. 프로필 페이지를 살펴보면 전체적으로 톤 앤 무드가 비슷하며, 제품의 특성을 잘 보여주면서도 캠핑 분위기에 잘 어우러지는 사진들이 많습니다. 프로필 영역에서도 계정을 운영하는 목적성이 분명하게 드러나 있으며, 촬영한 사진은 직접 본인의 계정에 올리고 적절한 해시태그를 사용함으로써 의뢰받은 브랜드의 제품이 한 번이라도 더 노출되도록 신경을 쓰고 있다는 것이 보입니다.

사진작가는 다양한 제품 사진을 촬영할 수 있지만, 자신의 주력 분야가 분명하게 있습니다. @lukas_sr 계정 이외에 다른 계정이 있는지는 모르지만, 해당 계정은 캠핑 관련 제품들을 주로 의뢰받는 것처럼 보이게 인스타그램을 운영하고 있습니다. 만약 여러분이 캠핑 관련 브랜드를 운영 중이라면, 직접 촬영하거나 혹은 직원, 혹은 포토그래퍼를 고용하여 제품 사진을 찍게 될 것입니다.

제품은 판매하기 위한 상세 컷은 스마트폰으로도 충분히 촬영할 수 있습니다. 그런데 상세페이지에는 상세 컷 이외에도 제품을 사용했을 때의 분위기를 연출하는 사진도 필요하고, 그 사진들이 고객들에게 구매 욕구를 더 불러일으키게 만듭니다. 그런데, 사진은 연출이라는 과정이 필요합니다. 제품 하나를 야외에서 덩그러니 찍었다고 분위기가 살아나지는 않습니다. 다양한 캠핑용품을 배경으로 두고 주인공으로 보이게 찍은 사진이 필요할 것입니다. 우리가 간혹 스튜디오에서 사진을 찍는 이유도 다양한 배경에서 다른 분위기를 연출하며 사진을 찍기 위함입니다. 모든 소품이 준비된 스튜디오에 찾아가기만 하면 되는데, 군이 소품을 다 살 이유가 없습니다.

이런 점에서 인스타그램에서 사진을 직업으로 하거나 혹은 프로가 아니어도 분위기 있게 잘 찍는 계정을 찾아서 제품을 제공하고 사진 촬영의뢰를 하는 경우가 제법 많습니다. 우리가 흔히 인플루언서라고 말하는 분들은 인스타그램에서 사진이 가지는 가치를 잘 알고 활용하고 있습니다. 결국 저자가 강조하는 부분은 같습니다. 하나의 주제와 콘셉트를 가진 계정은 해당 카테고리의 전문가로 비칩니다. 생각해보세요. 여러분의 제품을 협찬하고 싶다면, 수백만 인플루언서지만 이것저것 다 다루는 곳에 군이 협찬하지는 않을 것입니다. 팔로워 수가 적어도 하나의 주제만 다루는 계정이 훨씬 진짜배기임을 알고 있을 테니까요.

부산정보로 가득한 @channelbusan

인스타그램을 하고 있다면 이런 스타일의 게시물을 올리는 계정을 자주 보게 됩니다. 인스타그램 내의 유료 광고로 보기도 하고, 검색의 결과로 보는 경우도 많습니다. 저자는 처음 방문하는 지역이라면 네이버 검색으로 맛집, 가볼 만한 곳, 카페 등을 일일이 검색하지 않고, 더 빠른 검색을 하기 위해 인스타그램을 사용합니다. 인스타그램 검색에서 지역명만 입력하면 #부산놀자 #부산언니 #채널부산 #부산뭐하지 #부산오빠 식으로 지역 정보를 큐레이션 하여 인스타그램과 페이스북에 콘텐츠를 올리고 광고 대행비를 받는 사업체들이 아주 많습니다.

내가 보기 싫은데, 내 눈에 나타나면 귀찮은 광고지만 (마치 쿠팡 광고 같은) 광고지만 빠른 속도로 훑어보고 자세히 알아보고 싶다면 다시 네이버에서 찾아보는 검증의 과정을 거친다면 충분히 정보의 가치를 가집니다. 팔로우를 해두면 새 콘텐츠를 주기적으로 볼 수 있으므로, 저자는 몰랐던 신상 카페나 맛집 정보, 부산의 행사 등에 관한 정보를 얻는 용도로 유용하게 사용합니다. 물론 내가 그 지역을 더 이상 방문하지 않을 때도 콘텐츠는 계속 올라오니 귀찮다면 팔로잉을 취소하기만 하면 됩니다.

이렇듯 큐레이션 정보제공 사업체에서 운영하는 인스타그램은 편리한 점도 있지만 불편한 점도 가지고 있습니다. 본질은 광고비로 먹고사는 사업체다 보니 과대광고일 때도 있고, (요즘은 거의 없지만) 다른 계정의 사진을 불펌해서 사용하여 저작권 분쟁의 시비가 일기도 합니다. 그리고 생각보다 귀찮은 DM이나 댓글을 통한 사진을 퍼가도 되는지 물어보는 글들은 어떨 땐 짜증이 치밀어 오를 때도 있습니다. 내가 열심히 찍은 사진을 아무런 대가도 없이 그냥 달라고 하는 게 바람직하지는 않은 건 분명합니다.

대한민국 대부분 지역, 관광지에는 이런 업체들이 우후죽순 생겨나고 사라지고 있으며, 보통 20~50만 사이의 팔로워를 가진 대형 인스타그램 채널로 성장하여 지역의 소상공인들과 공생하며 광고 수익을 내고 있습니다. 여러분이 생각하는 것보다 훨씬 많은 돈을 벌고 있으니, 한 땀 한 땀 긁어모아서 이런 계정을 하나 운영해보는 목표를 세우고 인스타그램을 운영해보는 것도 나쁘지 않습니다.

처음에는 단순, 매장 방문과 무료 음식 제공이겠지만, 팔로워가 점점 늘어나면 홍보해달라고 돈을 싸 들고 부탁을 할 테니까요. 평균적으로 특정 매장 하나의 단독 게시물을 광고 대행하면 계정의 규모에 따라 다르지만 20만 명 정도의 팔로워를 가진 계정이면 건당 30만 원 선, 촬영과 릴스 영상 등이 부가적으로 붙으면 콘텐츠 제작비를 더 받습니다. 그리고 반복적으로 노출 시키기 위해, top5 등의 콘텐츠에 섞기도 합니다.

키녹스 브랜드 공식 계정 @kinox_official

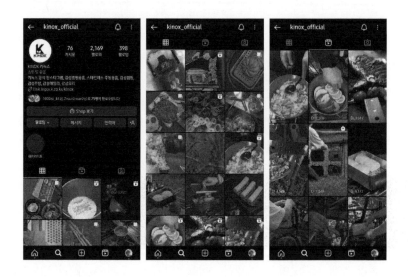

요즘은 규모에 상관없이 제조사, 유통사 등의 브랜드 인스타그램도 활발하게 활동하고 있습니다. 예전에는 홈페이지에 신경을 더 썼다면, 지금은 홈페이지는 기본이고 유튜브나 인스타그램까지 다방면으로 홍보할 수 있는 매체는 거의 다 사용하고 있습니다.

블로그나 유튜브보다는 제품을 쉽고 빠르게 보여줄 수 있는 인스타그램을 선호하고 회사가 작은 경우에는 대표자가 직접 인스타그램 계정을 관리하는 예도 많습니다. 저자의 취미가 캠핑이기 때문에 캠핑 계정으로 운영 중인 @yoondle_life 계정에는 같은 취미를 가진 캠퍼들 계정, 캠핑 브랜드 계정을 위주로 팔로우하고 있습니다. 대략 캠핑 브랜드는 100여 개정도 팔로잉하고 있는데, 인스타그램으로 브랜드의 가치를 키우는 것 보다는 당장 눈앞의 매출에 급급해서 인스타그램을 홍보의 수단, 찌라시로 인식하는 캠핑 브랜드 계정이 많습니다.

알팍한 상술로 이벤트 위주로 운영하는 계정들이 대표적입니다. 체리피커만 양산할 뿐 사실 계정의 성장과 브랜드의 가치를 높이는 것과는 무관한 일을 계속합니다.

홍보를 위한 사진이나 이벤트성 게시물만 가득한 인스타그램 브랜드 계정들을 흔하게 보게 됩니다. 사람들은 SNS를 통해 관계를 맺을 때, 그 주체가 사람이라고 판단되는 경우와 자신에게 도움이 되는 정보를 주기적으로 발행하는 마치 뉴스레터 서비스 같은 형태의 계정을 팔로우하게 됩니다. 앞서 말한 부산채널 계정 같은 경우를 말합니다. 그런데, 제품과 서비스를 팔기 위한 목적으로 가득한 계정들을 굳이 팔로우하려고 할까요?

브랜드 계정을 키워 나가기 위해서는 팔로워 수에 집착해서는 안 됩니다. 브랜드 제품의 퀄리티를 시각적으로 느낄 수 있는 잘 연출된 사진과 제품의 특장점과 그 제품을 사용했을 때 소비자가 얻는 이익과 혜택 등을 설명하는 정보를 주어야 합니다. 이는 상품 상세페이지를 간략하게 작성하는 것과 비슷하다고 생각할 수 있으나 제품의 매력을 보여주기에 더 집중되어 있습니다.

광고 콘텐츠만 가득한 계정과는 반대로 인스타그램의 가치와 속성을 잘 이해하고 운영하는 브랜드 계정들은 대표자들이 직접 자기 브랜드 제품을 사용하는 유저들과 소통하고 예비 고객을 확보하는 커뮤니케이션의 수단을 활용합니다. 특히, 제품은 사진이 중요한데, 사진을 잘 찍는 유저들, 리뷰어 계정에 무상으로 제품을 제공하거나 사진 촬영비를 지급하고 멋지게 연출된 제품 사진을 받기도 하는 등 공생관계를 형성하고 있습니다. 이는 다음에 이어지는 사례에서 자세히 언급하도록 하겠습니다.

앞에서 다룬 바 있지만, 저자가 캠핑 인스타그램의 목적을 두고 운영하고 있으므로 저자에게도 사진이나 동영상의 콘텐츠를 대신 만들어주기를 요청하는 협찬 문의 DM과 메일을 하루에도 5~10건씩 받고 있습니다. 여러분들도 목적을 가지고 인스타그램을 운영하게 된다면 분명 공생관계를 맺어야 계정이 생길 수밖에 없습니다. 이미 유명해진 브랜드보다는 신생 브랜드, 지역 소상공인들과 관계를 잘 맺어 서로 도움이 되는 목표를 달성하기를 바랍니다.

글에서 소개해드린 키녹스 브랜드는 저자와도 점차 깊은 관계를 맺어가게 되었습니다. 처음에는 브랜드와 소비자의 관계에서 출발하였지만, 이제는 신제품 출시와 동시에 제일 먼저 보내주실 정도로 좋은 관계로 발전했고 저자는 단순히 제품을 받고 사진만 찍어주는 관계가 아닌, 브랜딩과 마케팅에 대해 조언해주고 있습니다. 또한 저자가 인스타그램으로 관계를 맺은 다른 유통 브랜드, 캠핑 브랜드와의 협업 등도 추진하거나 브랜드끼리 서로 연결해주는 등 브랜드가 성장할 수 있도록 다방면으로 좋은 관계를 이어 나가고 있습니다.

카페 소개에 혼을 갈아 넣은 @kyung.eee

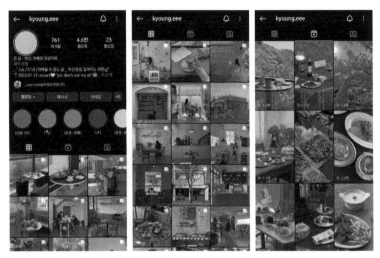

카페를 주제로 사진과 동영상을 올리고 있고, 비슷한 무드의 콘텐츠로 훑어보면 편한 느낌을 주면서도 카페 정보를 주기적으로 올리고 있습니다. 하이라이트 기능도 잘 활용하여 홈피드, 릴스, 하이라이트(스토리의 영구 저장)를 아주 깔끔하게 살펴볼 수 있게 운용하고 있습니다. 4.6만 명의 팔로워를 가지고 있는 대형 인플루언서입니다.

프로필 영역을 살펴보면 무단으로 콘텐츠를 퍼가거나 활용하는 것을 엄격히 금지하는 문구가 적혀 있는데, 피드의 사진을 보시면, 인스타그램의 사진을 퍼와서 큐레이션 정보를 구성하여 올리는 사업자들에게 어지간히 시달리고 있진 않을까 걱정이 됩니다. 그만큼 사진의 퀄리티가 뛰어나며, 방대한 카페 정보를 구축하고 있습니다. 개별 게시물마다 사진뿐만 아니라 정보를 작성해둔 글도 인스타그램치고는 꽤 장문으로 자세히 적어 놓고 있어서, 저자도 간혹 올라오는 사진을 보고 카페를 찾아간 적이 몇 번 있습니다.

내 계정에 악영향을 끼치는
바퀴벌레 계정은 박멸하세요

인스타그램을 하면서 무조건 팔로잉부터 하고 보는 이런 계정들이 있으면 반드시 팔로워 목록을 확인하고 삭제하십시오. 프로필 영역 꽉 채워두고, 피드도 가로나 세로줄 맞추기 형식으로 깔끔하게 보이지만, 모두 사기 계정입니다.

인스타그램에는 특정인 사칭, 부업, 광고 홍보 대행, 온갖 사기꾼들이 판을 치는 곳입니다. 얼굴도 공개하고 통장 사진도 있고 카톡 인증샷도 있지만 모두 조작된 이미지이며 누군가를 도용한 사진입니다. 여러분이 직접적인 피해 사실이 없어서 경찰에 신고는 할 수 없으나, 여러분을 팔로우하는 저런 계정들은 보이는 즉시 바퀴벌레를 박멸한다는 생각으로 다 삭제하십시오. 혹 저런 팔로워를 둬도 팔로우 숫자가 유지되니 좋은 거 아니냐 반문할 수 있지만, 저런 사기 계정은 대부분 유령계정이며, 여러분들을 팔로우하지만 절대로 여러분들이 올린 게시물에 어떠한 반응도 피드백도 하지 않습니다.

중요한 부분이니 조금 더 상세하게 설명하겠습니다. 인스타그램에서는 하나의 게시물이 등록되면 다양한 피드백의 수치를 기록하게 됩니다. 게시물 하나에는 본 횟수, 영상이라면 재생한 횟수, '좋아요'를 받은 횟수, 공유된 횟수, 저장된 횟수 이를 종합적으로 수치화해서 해당 게시물이 좋은 정보인지 쓰레기 정보인지를 판별합니다. 당연히 여러분이 올린 게시물은 누군가가 직접 검수하지는 않습니다. 다른 사람들의 반응을 알고리즘이 확인만 할 뿐입니다.

그래서 종합 점수가 높다면 좋은 게시물로 판정받고 더 많은 사람에게 노출될 기회를 줍니다. 반대였으면 그냥 사장되어 버립니다. 그래서 게시물을 올린 초기에 많은 트래픽을 받아야 합니다. 인기차트 역주행과 같은 일은 거의 발생하지 않습니다. 인스타그램은 검색 기반 플랫폼은 아니기 때문입니다.

인스타그램 부업계정들은 그냥 무작정 아무 계정이나 팔로우합니다. 기계적으로 팔로우하기도 하고 전문 프로그램으로 자동 팔로우하기도 합니다. 그냥 아무나 집적거리는 것과 같습니다. 이런 계정들이 만약 내 팔로워 숫자의 50%라고 가정해보겠습니다. 일반적으로 내가 올린 게시물에 '좋아요'를 눌러주는 내 팔로워의 수는 10% 정도라고 합니다. 그런데 여기서 유령계정이나 다름없는 부업계정들이 열심히 내가 올린 게시물에 피드백하지는 않습니다. 아예 신경도 안 쓰고 있다고 하는 편이 맞습니다. 그러면 10% 중에서 5%의 '좋아요'만 나온다고 볼 수 있습니다.

이런 상황에서 알고리즘은 "응? 팔로워가 1,000명이나 되는데, 50명밖에 '좋아요'를 못 받았다고, 공유도 없네? 저장도 없네? 아.... 이번에 올린 게시물은 자기 팔로워들에게도 인기가 없구나... 그럼 다른 사람들에게도 마찬가지겠네?" 이런 결론에 도달하게 됩니다. 반복될수록 아무리 여러분이 멋진 사진과 좋은 정보를 올려도 결국 여러분의 계정은 점점 죽어가게 됩니다.

그래서 눈팅만 하는 계정, 특히 부업계정, 사기 계정, 프로필 사진도 없는 계정, 게시물이 거의 없는 계정, 팔로잉 수에 비해서 팔로워 수가 지나치게 많은 계정 등 거의 활동성이 없는 계정들과는 관계를 맺으면 안 됩니다.

저자의 계정도 하루 최소 10개의 부업계정 팔로워가 생깁니다. 언뜻 보면 전체 팔로워 수가 점차 늘어나는 것처럼 보이지만, 암세포가 자라난다고 생각하십시오.

그래서 저자는 하루에 한 번은 무조건 전체 팔로워를 눌러보고 부업계정은 무조건 삭제합니다. 하루에 10개지만 한 달만 방치하면 300개가 됩니다. 특히 여러분이 쓸데없이 적는 #맞팔 #선팔 #친구 이런 단어를 사용하면, 부업계정은 더 많이 붙어납니다. 나를 팔로우하는 계정을 주기적으로 정리해주면 팔로워 수는 줄어들겠지만, 내가 올리는 게시물은 소위 '진성계정'들의 피드백 위주로 채워지게 됩니다.

사기 계정   비공개 계정   게시물이 없는 계정

위 이미지처럼 내 팔로워 리스트에서 나를 팔로워 하는 계정들을 눌러서
프로필 페이지를 확인한 다음, 오른쪽 위의 점 세 개 버튼을 눌러 나타

99

나는 팝업창에서 신고/ 차단 / 제한 / 숨기기 / 삭제 등의 기능으로 관계를 정리하면 됩니다. 저자의 경우에는 그냥 팔로우 리스트에서 섬네일이 없거나, 미심쩍은 계정은 바로 삭제 버튼을 눌러서 지우고 있습니다.

좀 귀찮은데, 내버려 두면 여름날 잡초처럼 무성히 자라나 있을 겁니다. 보이는 대로 잡초 제거를 하시면 여러분의 인스타그램 계정은 청정지대가 되어 있을 겁니다. 반대로 여러분이 운영하는 인스타그램 계정도 위와 같은 사유로 누군가에게 차단당할 수 있습니다. 반드시 프로필 영역을 꼼꼼하게 채워 넣고, 단순히 팔로워 수에 집착해서 무작정 팔로잉부터 하는 등 비정상적인 수치들이 보이지 않도록 주의하시기 바랍니다.

피드와 릴스 영역은 확실하게 구분해서
관리해야 하는 이유

인스타그램에서는 콘텐츠를 등록하는 4개의 영역이 있습니다. 게시물(피드), 릴스, 스토리, 하이라이트 물론 라이브 기능도 있으나 고정적으로 유지되는 건 아니므로 언급하지 않겠습니다. 피드에서는 여러분들의 설정에 따라 릴스의 영상 섬네일이 보이게 할 수 있습니다. 게시물을 올릴 때 첫 번째 선택 콘텐츠를 동영상으로 한다면, 동영상의 첫 화면이 피드에 정지된 상태로 노출됩니다.

그리고 스토리에 올린 콘텐츠는 24시간이 지나면 사라집니다. 그래서 하이라이트라는 영역에 저장하여 사라지지 않도록 할 수 있습니다. 정리하자면 게시물과 릴스는 이웃사촌 간이고 스토리와 하이라이트도 연관되어 있습니다.

앞서 보여드린 건강한 인스타그램 계정의 예시를 보면 피드 영역과 릴스 영역이 확실히 구분되어 있습니다. 릴스는 등록하면 피드 영역에도 노출할지 결정할 수 있는데, 처음에는 노출되게 하고 일정 시간 (약 12시간) 뒤에는 피드에서 삭제하는 것이 피드 관리를 아름답게 할 수 있는 노하우입니다.

물론 피드 영역에 릴스 영상이 노출되어도 관계는 없습니다. 다만, 릴스를 제작할 때 섬네일을 등록하는 기능이 있는데, 이를 활용하면 릴스가 피드에 노출되어도 피드에 있는 다른 게시물과 함께 보여도 어색하지 않습니다만, 이렇게 세밀하게 관리하기가 어려우니 처음부터 구분해서 등록하는 것이 바람직합니다.

릴스 등록 옵션　　영상에서 섬네일 선택　　별로의 섬네일 만들기

섬네일을 포함한 릴스　　피드에 보이는 릴스　　릴스 영역　섬네일

릴스에 관한 부분은 차차 다루게 되니, 이번 챕터에서는 저자가 왜 피드와 릴스 영역을 구분해서 등록하라고 하는지 이해만 하면 됩니다. 결론부터 말하면 좀 귀찮기도 한 추가작업이 발생하고, 사진의 분위기와 영상의 분위기를 일정하게 맞추기 위해 매번 영상의 섬네일용으로 사진을 찍어두기도 불편하기 때문입니다.

릴스를 등록할 때, '피드에도 공유'라는 부분을 활성화해두면 릴스의 첫 화면이 섬네일처럼 피드에도 나타나게 됩니다. 릴스는 영상 중의 일부를 첫 화면 만들 수 있으니 사람들이 어떤 영상인지 알 수 있는 장면을 선택하거나, '기기에서 추가' 버튼을 눌러 별도의 이미지 편집 도구에서 영상의 첫 화면을 만들어서 섬네일로 등록할 수 있습니다.

별도 섬네일은 릴스와 같은 비율인 9:16으로 만들어야 합니다. '프로필 이미지 자르기' 글자를 누르면 피드에서 보이게 될 1:1 비율의 영역을 설정할 수 있어서 피드에서도 깔끔하게 원하는 부분이 노출되게 할 수 있습니다. (인스타그램에서는 파란색으로 보이는 글자나 버튼이 항상 어떤 기능을 수행합니다. 화면을 꼼꼼하게 읽어보면 매뉴얼 없이도 다룰 수 있습니다.)

피드와 어울리지 않는 콘텐츠는
스토리로 분리하기

스토리는 화면편집 기능이 있습니다. 우리가 스마트폰에 저장해둔 사진과 인스타그램이 제공하는 갖가지 요소를 이용하여 자유롭게 화면을 편집하여 한 장의 페이지를 만들어 줍니다. 24시간이 지나면 사라져버린다는 점, 피드와 구분해서 게시물을 올릴 수 있다는 점에서 피드를 깔끔하게 관리하는 입장에서는 매우 유용한 기능입니다.

저자는 아무렇게나 막 쓰는 사적인 계정에서는 특별히 피드 관리에 신경 쓰지는 않는 편이지만, 사람들과 관계를 맺고 키워가는 계정에서는 항상 피드의 분위기와 인스타그램의 전체적인 정갈함을 항상 유지하려고 노력하고 있습니다.

인스타그램이 여러분 사업의 연장선이라고 생각해본다면, 어떤 계정은 매장을 찾아오기 전에 둘러보는 온라인상의 매장과 같습니다. 오프라인의 연장선에 있다는 말이죠. 손님을 맞이하기 위해서 매장 청결 관리를 열심히 하는 것과 마찬가지고 온라인상의 매장인 인스타그램도 청결을 유지해야 합니다.

사진작가의 인스타그램이라면 촬영의뢰를 받기 위해 퀄리티가 좋은 사진 위주로 올려두어야 하고, 큐레이션 계정이라면 일관된 섬네일로 가독성을 신경 쓰면서 피드를 관리해야 합니다. 한두 개쯤 괜찮겠다고 생각하기 시작하면 조금만 시간이 지나도 엉망진창 상태가 되기 일쑤이니 하나의 인스타그램 계정에는 3개의 방이 있다고 생각하고 피드, 릴스, 스토리 영역을 구분해서 관리하여야 합니다.

스토리는 스마트폰에 저장된 사진과 영상, 그리고 화면을 꾸며주는 다양한 스티커와 기능을 조합하며 나만의 콘텐츠를 만들 수 있습니다. 위 캡처 이미지를 보면 세로로 촬영한 동영상을 배경으로 두고, 그 위에 텍스트를 넣고, 아바타 스티커, 질문, 해시태그, 계정, 링크, 또 다른 사진, 강조 효과 스티커 등의 기능을 넣었습니다. 음악도 넣을 수 있습니다. 이렇게 구성한 스토리는 24시간 동안 인스타그램에 노출됩니다.

각 기능은 시각적인 효과만 있는 것은 아니고, 다른 사용자가 클릭하면 해당 기능을 동작하게 합니다. 온라인쇼핑몰을 운영하는 계정이라면 보통 링크에는 해당 상품의 상세페이지 링크를 걸어둡니다.

프로필 영역의 사진을 누르면 24시간이 지나지 않은 스토리 콘텐츠가 등록한 순서대로 최신순으로 볼 수 있습니다. 하단에 있는 버튼들을 사용하여 스토리를 다시 릴스 영상으로 만들 수도 있고, 공유하거나, 유료 광고를 집행하거나, 24시간 후 사라지지 않도록 하이라이트 영역에 저장할 수 있습니다.

릴스를 올리면서, 피드에도 드러낼 수 있고, 스토리에 올리면서 릴스와 하이라이트 영역에 노출 시킬 수도 있습니다. **계정을 운영하는 입장에서는 같은 콘텐츠가 형식만 달리해서 여기저기 중복해서 보이는 것 같겠지만, 실제로 우리 인스타그램을 그렇게 꼼꼼하게 보는 팔로워는 없다는 것을 인정해야 합니다.**

흔히 관심병자라는 말로 희화화되지만, 피드에 올리거나 릴스로 올리거나, 스토리에 올려도 내 팔로워들의 10%도 보지 않는다는 것을 인정해야 합니다. 만약 100% 본다면 여러분은 감시당하고 있는 수준이라고 생각하면 됩니다. 따라서 내가 보기에 중복 콘텐츠라 지저분하게 보이겠지만, 다른 사람에게는 수많은 인스타그램 콘텐츠 중에 정말 하찮은 하나의 콘텐츠일 뿐입니다.

저자의 경우에는 하루 정도는 내 인스타그램 영역 여기저기에서 보이도록 설정해주고 시간이 지난 후에는 피드에서 삭제하고, 보관해야 할만한 스토리는 하이라이트에 저장합니다. 릴스 역시 전체 무드에 어울리지 않는 콘텐츠라고 느껴지면 나중에라도 보관처리 해둡니다. 인스타그램에는 완전히 없애는 '삭제', 눈에 안 보이게만 해두는 '보관' 두 개념이 공존하므로 여러분이 원하는 대로 처리하면 됩니다.

저자의 경험으로는 어떤 콘텐츠이건 완벽히 삭제하는 건 좋지 않다고 생각합니다. 여러분들 중에서도 괜히 깔끔한 체하는 성격이라 할지라도 계정을 아예 삭제하고 다시 시작하거나, **콘텐츠를 완벽히 삭제하는 건 잠시 고민해볼 필요가 있는 사안이라고 생각하세요. SNS 세계에서는 한 번 끊어져 버린 팔로우 관계를 다시 구축하는 일이 굉장히 힘듭니다.**

5,000명 최대치를 채웠던 저자의 페이스북을 완벽히 삭제하고 다시 계정을 만든 적이 있는데, 페이스북 이외에 플랫폼에 더 집중하느라 관리를 소홀히 한 점도 있지만, 다시 계정을 만든 지 1년이 지났는데, 현재 팔로워가 150명밖에 되지 않습니다.

인스타그램 고수들은
하이라이트를 활용합니다

스토리를 보관하는 영역이자, 이미 피드에 올려둔 게시물도 하이라이트로 등록할 수 있습니다. 하이라이트는 인스타그램 계정에서 다루는 주제들을 그룹화해서 한꺼번에 볼 수 있는 곳으로 사용합니다. 특히 의류 쇼핑몰 인스타그램 계정에서 시즌별로 신상품을 모아두거나 할 때 자주 사용하는 방식입니다.

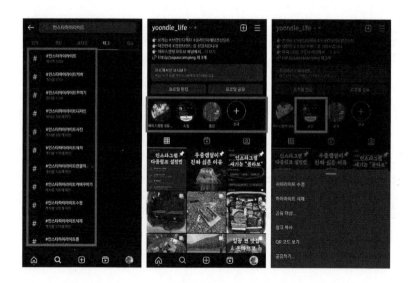

인스타그램 하이라이트로 검색해보면 해시태그들을 많이 볼 수 있는데, 하이라이트를 어떤 식으로 활용하는지 쉽게 찾아볼 수 있는 게시글들이 많으니 인스타그램을 참고하여, 여러분도 하이라이트를 꼭 만들어두시기를 바랍니다.

하이라이트는 인스타그램 프로필 영역 하단에 동그란 섬네일로 표시되고, 터치해서 들어가 보면 해당 계정에서 올려둔 스토리를 최근순으로 볼 수 있습니다. 4~5개 정도를 만들어두는데 일반적인데, 5개가 넘어가면 좌우로 스크롤 해야 숨어있는 것까지 볼 수 있어서 5개 이상 만드는 것은 추천하지 않습니다. 구조적으로 아름답게 보이는 마지노선은 5개까지입니다.

피드의 게시물은 최신순으로만 배치되기 때문에 분류하여 레이아웃을 만들기는 거의 불가능합니다. 게시물을 등록할 때 3개씩 동시에 등록하는 '가로 맞추기' 기법이나 '세로 맞추기' 기법을 사용하는 방법이 있으나 너무 강박적으로 보이기도 하여 자연스럽지는 않게 보입니다. 그래서 피드 영역은 톤앤매너만 유지하면 됩니다.

톤앤매너 역시 사진 편집 앱을 잘 다루거나 인스타그램의 특정 필터를 지속해서 사용해야 한다는 점에서는 어느 정도는 강박적인 관리기법이라고도 할 수 있습니다. 하이라이트를 만들어봤던 독자들이라면 기존 하이라이트를 수 초간 누르고 있으면, 수정 팝업창이 나오는데, '하이라이트 수정'을 누르면 하이라이트의 섬네일(커버)을 바꿀 수 있습니다.

커버 수정을 누르면 여러분의 스마트폰에 저장된 다른 사진으로 교체할
수 있는데, 이때 Canva 앱이나 미리캔버스 모바일 웹사이트를 사용하여
커버 이미지를 다양한 방식으로 만들 수 있습니다. 저자는 칸바앱을 이용
하여 간단하게 글자로만 만든 커버를 등록해보았습니다.

앞서 말했듯이 하이라이트의 커버를 만드는 방법은 아주 다양합니다. 인
스타그램 검색으로 다른 유저들은 어떤 디자인으로 만드는지 벤치마킹해
보고 여러분들도 따라서 해보시기를 바랍니다. 해당 과정은 유튜브에서
"인스타그램 하이라이트 커버 등록"이라고 검색해보면 나오고, 칸바앱으
로 커버를 디자인하는 방법도 유튜브에서 쉽게 찾을 수 있습니다.

하이라이트를 만들어 본 적이 없다면 기존에 올려두었던 게시물을 활용해서 스토리처럼 꾸며서 등록해보아도 효과적입니다. 게시물 공유하기(종이비행기) 버튼을 누르고, '스토리에 게시물 추가'를 누릅니다. 그 후에 스토리를 꾸미는 방식처럼 화면 상단의 각종 기능 아이콘을 활용해서 꾸며주고, 하이라이트 추가를 눌러서 등록하면 됩니다. 그러면 하이라이트가 추가되고 방금 등록한 게시글이 스토리처럼 보이는데, 커버로 등록이 되어버립니다.

저자가 했던 방식처럼 하이라이트를 멋지게 꾸며보고 싶다면, Canva 앱으로 하이라이트 커버 만드는 법을 유튜브에서 공부하세요. 장담컨대 10분이면 배울 수 있습니다.

사진의

사진에 의한

사진을 위한

—

인스타그램

인스타그램이 사진 편집 앱에서 시작된 것은 널리 알려진 사실입니다. 인터넷 기술이 발달하고, 디지털카메라가 보급되고 대한민국에서는 싸이월드가 인기를 끌었고, 무선 인터넷과 모바일 기술이 발달하여, 전 세계적으로 인스타그램이 대세 SNS로 자리를 잡았습니다. 잡지에서 단 한 컷의 사진이 독자들의 눈을 사로잡고, 빠른 속도로 스크롤 되는 웹페이지에서도 단 한 장의 섬네일이 고객의 눈길을 붙잡습니다.

인간이 가진 여러 감각 중에서 시각은 생존과 지적 활동에 가장 중요한 역할을 담당하고 있으며, 뇌 정보처리 기능 중 60% 이상을 차지하고 있다고 합니다. 인터넷과 연결된 컴퓨터와 스마트폰으로 정보를 탐색할 때 시각과 청각 이외에는 아직 촉각, 후각, 미각은 아직은 전달할 수 없는 정보입니다. 대부분 정보는 시각과 청각에 의존해서 습득하고 있으며 인스타그램은 사진과 동영상, 글자로 콘텐츠를 구성합니다.

인스타그램 이외에도 대부분 SNS는 시각과 청각을 사용하여 정보를 전달합니다. 그런데 왜 SNS 중에서 유독 인스타그램이 대세로 떠올랐을까요?

저자는 그 이유를 해시태그를 이용한 사진의 공유기능에서 찾을 수 있다고 주장합니다. 인간은 인정의 욕구가 있습니다. 잘 찍은 사진을 인정해달라는 것이 아닙니다. **사진 속에 음흉하게 숨겨놓은 나를 발견하고 질투하라는 욕망을 인정하고 받아들일 것은 바라는 '인정의 욕구'입니다.**

볼지 말지,
첫 번째 사진에서 모든 것이 결정된다

인스타그램에 게시물을 올릴 때 첫 번째 사진을 신중하게 결정해야 하는 이유는 다음과 같이 정리할 수 있습니다.

● **노출 우선순위에 영향을 줍니다** : 인스타그램에서는 게시물의 첫 번째 사진을 중심으로 노출 우선순위를 결정합니다. 따라서 첫 번째 사진이 눈에 띄고 흥미로워야 더 많은 사용자에게 노출될 가능성이 커집니다.

● **섬네일로 사용됩니다** : 인스타그램에서는 게시물의 첫 번째 사진을 섬네일로 사용합니다. 따라서 첫 번째 사진이 눈에 띄고 흥미로워야 사용자들이 게시물을 클릭하고 상세 내용을 확인할 가능성이 커집니다.

● **인상적인 이미지를 줄 수가 있습니다** : 첫 번째 사진이 인상적이고 흥미로운 이미지일수록 사용자들의 관심을 끌어들일 수 있습니다. 이는 게시물의 상호작용 수치를 높일 수 있으며, 계정의 인기도와 영향력을 높일 수 있습니다.

● **브랜드 이미지를 높일 수 있습니다** : 첫 번째 사진은 브랜드 이미지를 전달하는 데 중요한 역할을 합니다. 브랜드의 콘셉트와 이미지를 잘 반영한 이미지를 첫 번째 사진으로 사용하면, 브랜드 인식도를 높일 수 있습니다.

● **시각적인 조화로 피드를 구성합니다** : 첫 번째 사진은 게시물의 시각적인 조화를 결정하는 데 중요한 역할을 합니다. 첫 번째 사진과 다른 사진들이 시각적으로 조화를 이루면, 게시물의 완성도와 인상도를 높일 수 있습니다.

인스타그램에 콘텐츠를 올릴 때, 릴스, 스토리는 각 1개의 콘텐츠만 올릴 수 있습니다. 반면 게시물을 올릴 때 사진을 최대 10개까지(동영상 포함) 한 번에 올릴 수 있습니다. 여러분의 게시물을 다른 사용자가 자신의 홈 피드에서 스크롤 해보면서 우연히 발견할 때도, 직접 여러분의 프로필을 방문해서 피드에 있는 게시물을 볼 때도 10장의 사진 중에서 첫 번째 사진만 보게 됩니다.

즉, 유튜브나 블로그에서 혹은 인터넷으로 쇼핑할 때처럼 처음 보는 이미지 섬네일과 같은 역할을 합니다. 인간은 정보를 파악할 때, 명암 > 색 > 형태 > 이미지(사진) > 텍스트 순으로 인지하게 됩니다. 인간의 발달 순서와 비슷한 과정을 거치게 되지만, 아주 빠른 찰나에 인지하고, 시각 정보를 뇌에서 분석할 때 텍스트는 뒷순위로 밀리게 됩니다.

이미지나 사진을 보고 즉시 이해가 된다면, 텍스트를 군이 읽을 이유가 없습니다. 그런 목적으로 만든 대표적인 디자인이 아이콘입니다. 사진에서도 상황이 잘 표현되어 있다면 이해하기 편합니다. 다른 플랫폼과 다르게 인스타그램에서는 한 개의 콘텐츠를 등록할 때, 게시물/릴스/스토리 모두 제목을 입력하는 부분이 없습니다. SNS 플랫폼의 특징이라고 할 수 있습니다. 트위터, 페이스북도 제목 영역이 없습니다. 보통 제목을 넣어야 하는 콘텐츠는 문서의 형식을 취합니다. 즉 콘텐츠 기반이 텍스트라는 것이지요. 그리고 해당 문서는 웹상에 존재하므로 웹 문서라고 부르며 검색엔진(네이버, 구글)에서 검색의 결과로 나오게 됩니다.

사람들이 어떤 목적으로 문서를 만들었는지 의도는 문서의 제목에 있습니다. 그리고 문서의 본문에 글자로 내용을 더 상세하게 적어둡니다. 글로 이해가 안 되거나 설명하기 어려운 부분은 이미지, 사진, 도표, 표, 그래프, 동영상, 움짤(움직이는 GIF 파일) 등을 사용하여 문서의 내용을 읽는 사람이 이해하기 편하게 만듭니다. 여기까지는 일반적인 문서, 더 나아가서는 멀티미디어가 적용된 웹 문서의 개념입니다.

인스타그램은 위와 같은 복잡한 형태의 문서구조를 버렸습니다. 텍스트보다 즉각적인 인지가 가능한 이미지와 사진이 1순위이고, 글자는 2순위입니다. 인스타그램을 사용하는 유저들은 인스타그램을 한 번 켜면 수십 장의 게시물을 만납니다. 한 1분 정도 스크롤만으로 훑어본다면 수백 개의 게시물이 스쳐 지나가게 됩니다. 이런 상황에서 게시물에 함께 등록된 텍스트를 읽을 수는 없습니다.

그래서 다른 사람의 눈길을 잡아끄는 첫 번째 사진 한 장이 인스타그램에서는 매우 중요합니다. 제아무리 중요한 내용이 있어도 어마어마한 글을 적어놨어도 결국 첫 번째 사진 한 장이 매력이 없으면 클릭하지 않는다는 것입니다.

이것이 인스타그램에 게시물을 올릴 때 첫 번째 사진은 어떤 것을 선택해야 할지 심사숙고해야 하는 가장 중요한 이유입니다. 다른 유저들에게 간택 당하기 위해서는 어떤 사진을 올려야 될까요?

두괄식 : 결론에 해당하는 사진이 첫 번째

미괄식, 두괄식 많이 들어보셨을 겁니다. 한국어 어순의 특성상 우리는 대부분 가장 중요한 것을 제일 마지막에 말하는 경향이 있습니다. 사람 간에 대화할 때도 '결론부터 말해!' 하는 말을 자주 듣는 사람이 있습니다. 결론을 말하기 위해 너무 장황한 상황을 늘어놓으면 끝까지 집중하기 어렵습니다. 얼굴을 마주 보는 대화에서도 결론을 먼저 듣고 싶어 하는데, 인스타그램에서는 수많은 게시글이 서로 봐달라고 아우성치는데, 전부 다 볼 수는 없으니 스크롤 하며 관심이 가는 첫 번째 사진을 눌러서 나머지 사진과 글을 보게 됩니다. 기대한 내용이 아니라면 즉시 되돌아 나오게 됩니다. 검색했을 때도 마찬가지입니다.

- 정보성 콘텐츠 - 첫 이미지는 사진에 글자를 넣어서 어떤 내용인지 표기
- 리뷰성 콘텐츠 - 제품이나 장소를 한눈에 보여주는 전체샷 사진
- 감성 콘텐츠 - 색감 보정 필수
- 음식 콘텐츠 - 위에서 수직으로 찍은 항공샷
- 카페 콘텐츠 - 신체 일부가 포함된 커피잔 사진

이런 콘텐츠들은 전부 사진을 잘 찍어야 '좋아요'와 팔로워가 늘어나는 것만은 아닙니다. 이때까지 저자가 언급한 내용들을 종합했을 때, 사진은 인스타그램에서 중요한 요소이지만 전부는 아니라는 것입니다. 사진 기반의 플랫폼이라는 특징 때문에 사진을 잘 찍으면 좋다는 것입니다. 이왕이면 다홍치마라고나 할까요?

저자가 확인한 몇몇 인스타그램 관련 강의를 보면 사진 찍는 방법과 보정 앱을 사용하여 편집하는 방법을 알려주는데, 마치 인스타그램 팔로워 떡상 노하우를 알려주는 강의라고 포장된 경우를 보았습니다. 사진을 잘

찍고 싶다면 전문 포토그래퍼의 사진 강의를 참고해야 하는 게 아닌가 싶습니다.

사례별로 사진을 잘 찍는 방법을 설명하려면 끝이 없을 테지만, 이해가 편하도록 간략한 설명을 하겠습니다.

유명한 코스요리집을 방문했다고 가정해보겠습니다. 이 게시물의 목적이 단순히 자랑하고 싶은 건지, 여러분이 음식 협찬받고 방문하여 콘텐츠를 올려줘야 되는 상황인지는 중요하지 않습니다. 어차피 목적은 '좋아요'를 많이 받기 위한 첫 번째 관문인, 많은 사람이 보게 만드는 일입니다.

코스요리, 요즘 유행하는 오마카세 음식점을 가보시면, 코스에 나오는 모든 요리 하나하나가 전부 인스타그래머블(인스타각) 합니다. 음식점을 창업하는 컨설팅을 받을 때도 맛은 기본이고 사진찍기에 좋은 메뉴를 개발하라고 하니까요.

예쁜 그릇에 담겨나오는 요리를 항공샷이든, 쿼터뷰 어떤 각도로 찍어도 상관없습니다. 요즘 스마트폰은 근접촬영일 경우 어지간한 카메라보다 사진이 잘 나옵니다. 음식 촬영 전용 모드도 있습니다. 배경을 좀 날리고 싶다면 3배 줌을 해두고 조금 멀리서 찍으면 됩니다. 이런 내용은 유튜브에 찾아보면 아주 상세하게 설명해주는 강의가 많으니 공부하시기 바랍니다.

코스에 나오는 요리들을 촬영하다 보면, 개별 사진은 있는데, 한꺼번에 찍은 사진은 없을 겁니다. 텀을 주고 나오지, 한정식처럼 처음에 좌르륵 한상차림으로 나오진 않을 테니까요. 그래서 코스요리 음식점의 인스타그램 사진을 보면 올린 계정이 광고대행사인지 일반인인지 인플루언서인지 대부분 알아챌 수 있습니다.

광고대행사에서 촬영한 경우라면, 음식을 먹는 것이 목적이 아니라 촬영이 목적이므로 '이렇게 푸짐하게 많이 나온다' 콘셉트의 사진이 필요합니다. 따라서 한 상 가득 차려놓고 찍은 사진과 개별 음식 사진이 있습니다.

인플루언서가 촬영한 경우라면, 음식 사진도 있지만 배경과 인물 위주로 찍은 사진이 대부분입니다. 자신의 팔로워들이 다른 인스타그램 콘텐츠와 구별해서 인식하도록 하기 위함입니다. 음식을 먹는 모습보다는 보여주는 사진이 많습니다.

일반인이 촬영한 경우라면, 먹다가 찍은 사진이 많습니다. 음식점에 방문한 목적은 먹기 위함이었고, 처음에 나온 음식들은 사진을 찍다가 중간 정도 넘어가면 촬영해야 하는 사실도 잊어버립니다. 그래서 먹다가 찍은 사진들이 보입니다. 그리고 한 번에 찍은 사진은 결코 없습니다. 아마 다 먹고 빈 접시들 인증샷은 찍었을 겁니다.

같은 장소에서 같은 피사체를 찍더라도 콘텐츠를 만드는 목적이 모두 다릅니다.

광고용 콘텐츠였다면, 모든 메뉴가 다 등장한 사진이 첫 번째 사진이 되고, 음식보다는 여기가 어디인지가 중요하므로 사진에 글을 넣어 디자인한 이미지를 첫 번째 사진으로 사용합니다.

인플루언서의 협찬 혹은 자랑용 콘텐츠였다면, 자기 얼굴이 제일 잘 나온 사진을 첫 번째 사진으로 사용합니다. 물론 카페라면 분위기 위주, 음식점이라면 음식을 맛있게 보이게 들고 있는 사진입니다. 먹는 장면을 찍은 사진을 올리지는 않습니다. (먹방 인플루언서라면 다르겠지만)

일반인은 제일 잘 찍은 사진은 음식이 나오기 전 사진일 겁니다. 그래서 매장 외부 사진이나 인테리어, 메뉴판 등 사진은 많이 찍었으나 써먹을 사진이 부족합니다. 첫 번째 사진으로 매장 외부 사진을 올릴 수는 없지만, 오픈한지 얼마 안 된 핫플레이스라면 '여기에 와서 먹었다' 보다는 '나도 여기 와봤다. 나도 트렌디하고 힙하다'를 보여주는 사진으로 사용할 수 있으니 첫 번째 사진으로 활용할 수 있습니다.

대부분 코스요리 음식점은 디저트가 나오기 전에 메인 요리가 나오고 가장 화려하게 세팅되어 나옵니다. 이런 사진들은 사실 누구나 찍는 사진이라서 첫 번째 사진으로 사용해봤자 큰 의미가 없습니다. 누구나 그렇게 찍고 이 사진을 올리기 때문입니다.

결국 차별화는 어떤 사진을 촬영하기 전에, 인스타그램에 올릴 콘텐츠를 만들기 전에 다른 사람들은 어떤 사진을 첫 번째로 선택했는지 벤치마킹부터 해보고 여러분의 콘텐츠를 만들 기획에서 출발합니다.

다른 사람들과 똑같은 구도로 같은 사진을 찍을 필요는 없습니다. 내가 인스타그램에서 이 게시물을 올리고 얻는 이득과 인스타그램을 운영하는 목적이 무엇인지를 항상 생각하고 있다면, 사진을 찍을 때에도, 첫 번째 사진을 선정할 때도 이유를 찾을 수 있어야 합니다.

저자가 만약 코스요리 음식점을 가서 콘텐츠를 하나 만들기로 했다면, 음식점 홍보하는 콘텐츠나 방문 인증 콘텐츠는 아닐 것입니다. 내가 인스타그램을 하는 목적이 인스타그램을 잘 할 수 있도록 사람들에게 알려주는 것이라면 당연히 아래와 같은 기획을 먼저 합니다.

- 인스타그램에 올릴 음식점에서 사진을 잘 찍는 방법
- 음식점 콘텐츠를 올릴 때 찾아가게 만드는 카피라이트 쓰는 법
- 칸바앱으로 음식점 홍보 콘텐츠 만드는 법
- 상위노출을 위한 해시태그 찾아내는 법

기획하게 콘텐츠를 만들기 위한 사진을 찍었을 것이고, 한 번 방문에 촬영한 사진들로 적어도 3~4개의 콘텐츠를 만들게 되었을 겁니다.

첫 사진은 여러분이 올린 게시물을 볼지 말지 결정하는 중요한 관문의 역할을 합니다. 아직 어떤 사진이어야 될지 모르겠다면, 이 말을 기억하십시오.

"사진만 보고도 무엇을 말하는지 알 수 있어야 합니다." 필요하다면 편집 앱을 사용해서 사진에 글이라도 넣으세요. 피드의 톤앤매너가 무너질 것이라 걱정되면, 모든 콘텐츠에 글을 넣어 통일시키면 됩니다.

피드는 최소한 톤앤매너를 맞춰야 합니다

톤앤매너를 한마디로 정리하자면, '콘셉트에 충실한가?'에 대한 내용입니다. 이를 충실하게 지키며 인스타그램을 운영하는 사례로 이니스프리와 다이소가 자주 언급되고 있습니다. 인스타그램 관련 책에서도 자주 나오는 예입니다. 저자도 동감하지만, 인스타그램 마케팅 담당자가 관리하는 계정이라서 그런 것이 아닌가 하는 반문을 할 것을 알기 때문에 대기업 이상으로 관리를 잘한다고 생각하는 개인, 소상공인 인스타그램 계정 위주로 보여드리겠습니다.

떠먹는 스콘 전문점 : 스스스 인스타그램 계정

컬러풀한 사진으로 가득 차 있는 떠먹는 스콘 전문점 스스스의 인스타그램 계정입니다. 키치한 느낌을 살려서 채도가 높은 사진을 주로 올립니다. 사진의 구도가 다양하여 산만한 느낌이 들지만, 그것 또한 발랄한 분위를 연출하는 데 도움이 되고 있습니다.

블랙컨셉트 캠퍼 : s___y___m 인스타그램 계정

스스스의 사례와는 완전 반대의 컬러무드입니다. 사용하는 용품들이나 텐트도 전부 블랙 콘셉트로 통일하고, 사진의 분위기도 저채도와 저명도로 통일했습니다. 피드를 들어와서 언뜻 보면 다 비슷해 보이지만 하나하나 살펴보면 사진의 구도나 용품들의 배치 레이아웃에 대한 고려를 많이 한 사진인 것을 알 수 있습니다.

기업 브랜드 계정은 내부 기획을 통해 정제된 콘텐츠를 올리기 때문에 비교적 쉽게 톤앤매너를 유지할 수 있는 반면, 개인이 운영하는 계정들은 운영 주체가 자신이기 때문에 찍어둔 사진을 마음껏 올리고 싶은 유혹을 많이 받습니다.

대부분 인스타그램 계정이 톤앤매너를 유지하지 못하는 이유가 너무 떠벌리고 싶은 이야기, 자랑거리가 많다는 데 있습니다. 다량의 콘텐츠를 올리는 것보다는, 하루에 하나만 올리더라도 심혈을 기울인 단 한 장의 사진이 더 임팩트가 있음을 기억해야 합니다.

부산·경남 카페 방문 기록 : kyung.eee 인스타그램 계정

책의 앞부분에서 언급했던 계정입니다. 저자도 팔로워 한 지 꽤 오래된 계정인데, 거의 집착에 가까울 정도로 관리가 되는 인플루언서 kyung.eee 님의 계정입니다. 사진도 잘 찍지만 사진 보정을 정말 공들여서 하는 것이 느껴집니다. 톤앤매너를 맞출 때 제일 어렵다고 생각하는 부분이 사진의 색감을 일정하게 유지하는 일인데, 저채도의 따뜻한 느낌을 유지하면서도 카페의 분위기와 음료와 음식의 고유컬러를 해치지 않는 심미안을 가진 분이 아닐까 생각이 듭니다.

만일 독자 여러분도 이 정도로 톤앤매너를 맞춰봐야지 생각이 드신다면, 스마트폰 사진을 잘 찍는 방법을 공부해야 하고, 간단한 사진편집앱 하나 정도를 다룰 수 있어야 합니다. 저자의 편견일지는 모르나, 사진 자체에 관심을 가지고 재미를 느껴야 실력이 빨리 늘고, 인스타그램을 위해서 공부한다는 자세로 접근하면 금방 포기하게 되는 분들을 많이 봤습니다. 피드를 채워가는 잘 찍은 사진들을 보면 참 흐뭇해집니다. 그걸 즐겨야 합니다!

피드의 레이아웃을 특별하게 만들어봅시다.

이번 챕터를 시작하면서 저자는 인스타그램을 마치 잘 꾸민 다이어리처럼 만들라고 조언했습니다. 다꾸를 좋아하는 분 중에 그림 실력(혹은 낙서 실력)이 출중해서 아주 아기자기한 손그림으로 꾸미기도 하는데, 따라 해 보고 싶어도 그림 실력이 형편없다면 다른 방법으로 내 다이어리를 꾸며도 됩니다. 스티커죠! 캐릭터, 라인 테이프 등 이미 프로 디자이너들이 만들어 놓은 스티커를 사서 원하는 곳에 붙이면 됩니다.

저자는 디자인을 전공했지만, 손그림은 잘 그리지 못합니다. 미대 입시를 보고 디자인을 전공한 것이 아니라, 인문계에서 공대로 진학하고, 공대에서 다시 디자인전공으로 전과를 했기 때문입니다. 물론 전과를 하고 손으로 그림을 그리는 수업도 있었지만, 미대 입시를 위해 몇 년간 학원에서 가고 닦은 스킬을 가진 동기들과는 완전 실력 차이가 벌어질 수밖에 없었습니다.

하지만, 미대로 전과를 한 것이 아니라, 디자인과로 옮겼기 때문에 전공 대부분은 컴퓨터를 이용한 디자인을 하게 되었습니다. 지금 와서도 생각해보면 참 다행이다 싶은 것은, 손그림을 못 그려도 컴퓨터그래픽을 배우고 다루는 것은 아무 지장이 없었습니다. 오히려 컴퓨터를 만지는 것을 너무 좋아하다 보니, 동기들보다 훨씬 더 잘하게 되었습니다. 물론 공대에서 캐드 프로그램을 배운 것도 엄청난 도움이 되었습니다.

잠시 저자의 이야기를 들려드렸습니다만, 독자에게 하고 싶은 말이 있습니다. 인스타그램을 멋지게 꾸미는 것은 결코 디자인 실력도, 사진을 잘 찍는 것도 아닙니다. 제일 중요한 것은 스스로 정한 콘셉트를 뚝심 있게 밀어붙이는 것입니다. 디자인 감각이 없어도 인스타그램을 멋지게 만드는 방법을 알려드리겠습니다.

인스타그램 심리학 저자 : 문영호 인스타그램 계정

브랜딩과 마케팅 분야에서 유명한 강사인 문영호 님의 인스타그램 계정입니다. 피드의 오른쪽은 읽은 책을 소개하는 라인으로 사용하고, 가운뎃줄은 업무 관련된 사항들, 왼쪽은 일상의 기록을 담고 있습니다. 하나의 인스타그램 계정에서 3가지 주제를 다루고 있는데, 콘텐츠를 구분하려는 방법으로 세로로 줄 맞추기 레이아웃을 사용합니다. 사진의 톤앤매너를 맞추지 않고도 정갈한 느낌을 만들어 내는 방식입니다.

물론 이런 레이아웃 구성도 꾸준하게 반복하는 콘텐츠가 있어야 가능한 방법입니다. 이 계정에서는 독서한 책을 올리는 방법을 사용하는데, 독서를 만약 하지 못했다면 레이아웃을 맞추기가 어려울 겁니다. 얼마나 강박적으로 레이아웃을 맞추기 위한 노력하는지 옆에서 보지 않아도 알 수 있을 정도입니다.

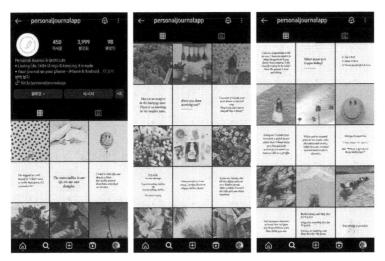

개인기록 목적 : personaljounalapp 인스타그램 계정

가로줄 맞추기 방식으로 계정을 운영하는 사례입니다. 인스타그램에서는 최근에 프로필 고정이라는 기능이 추가되어 맨 위 한 줄만 가로로 원하는 게시물을 끌어 올려 배치하는 기능이 있긴 하지만, 위 계정처럼 레이아웃을 맞추는 기능은 없습니다. 오로지 계정을 운영하는 사람이 규칙을 정해서 올려야 합니다.

가로 방식이나 세로 방식으로 레이아웃을 맞추기가 어려운 것은 예전 게시물부터 최근 게시물로 순차적으로 누적되는 속성 때문인데, 이런 레이아웃을 유지하기 위해서는 매번 3개씩 콘텐츠를 한 번에 올려야 합니다. 하나씩 올리다 보면 레이아웃 유지가 되지 않고 엉망진창 레이아웃으로 보일 수 있습니다.

그리고 예전에 올린 게시물을 보관처리 혹은 삭제라도 한다면 전체 레이아웃이 망가지는 불상사가 생깁니다.

패턴을 만들어서 규칙적으로 레이아웃을 만든 경우

위 캡처 이미지처럼 바둑판 패턴, 사진에 글자를 넣은 위치가 같게 패턴을 맞춰둔 사례, 사진 없이 콘텐츠의 제목만 글자로 넣어둔 이미지 등 인스타그램에서는 이렇게 레이아웃을 독특하게 꾸며둔 계정들을 심심찮게 볼 수 있습니다. 어떤 주제를 다루고 있던, 톤앤매너와 레이아웃이 일정한 피드를 만나면 첫인상에서 점수를 먹고 들어갑니다.

● 주기적으로 콘텐츠를 올리고 있다
● 콘텐츠를 정성스럽게 만든다
● 특정 주제에 전문적이다

결국 팔로잉해두면 도움이 될 것 같다고 생각하게 됩니다. 제아무리 좋은 내용을 올려두는 계정이라도 피드에서 정리된 느낌을 주지 못한다면 다른 사람들이 팔로잉할 가능성이 줄어듭니다. 피드 관리에 진심이어야 하는 이유입니다.

추천사

인스타그램, 제대로 하고 싶은 분들께 권하는 책

시중에 판매되고 있는 그 어떤 책들보다 강렬하게 와 닿는다. 이 책은 실제 인스타그램을 전문으로 취급하고 있는 광고대행사의 주니어들에게도 권장하고 싶을 정도로 정확하고 정교한 내용을 담고 있다. 뜬구름 잡는 이야기가 아닌 인스타그램의 정수를 담은 이 책을 대한민국 700만 소상공인들에게 추천한다.

- 제이커브인터렉티브 김대웅 이사

사진과 영상 공부는
인스타그램과
병행하세요

인스타그램은 사진편집앱에서 시작했음을 독자 여러분들은 다 알고 있을 겁니다. 그래서 어지간한 사진편집앱의 기능은 내장되어 있습니다. 물론 포토샵 정도의 디테일한 수정이나, 칸바앱 수준의 콘텐츠 편집기능은 제공하지 않습니다. 스토리에서 각종 기능으로 콘텐츠를 만들 수도 있고, 릴스를 만들 때도 간단한 편집 정도는 지원하지만, 인스타그램은 결코 전문앱을 따라갈 수는 없습니다. 아마도 그렇게 할 것 같지도 않고요.

감각적인 릴스, 멋진 사진이 올라온 다른 사람의 인스타그램을 보고 여러분과는 다른 부류의 전문가가 운영하는 계정이라고 생각할 필요가 전혀 없습니다. 하루가 다르게 기술은 발달하고, 디자인을 배우지 않아도 얼마든지 멋진 디자인을 만들어 내고, 사진을 보정하는 앱들이 넘쳐나는 세상이 되어버렸기 때문입니다.

인스타그램을 할 때도 내장된 기능으로만 콘텐츠를 만들어 내려고 하면 인스타그램의 기능을 깊숙하게 알아야 하고 원래 안되는 것을 만들어 내기 위해 응용력도 좋아야 합니다. 하지만, 버튼 한 번 터치로 금방 해결해버리는 앱도 많다는 것을 기억하세요.

인스타그램을 하면서 도움이 될 만한 몇 가지 앱을 소개해드리겠습니다. 지면의 한계로 사용법까지 다 다룰 수 없지만, 우리에게는 유튜브가 있으니 배울 수 있는 강의도 많이 등록된 앱들을 알아보도록 하겠습니다.

사진 한 장 찍을 때 1,000만 원이라면

저자는 이번 책의 집필 기획을 하면서, 기술적인 내용은 다루지 않을 것이라고 결심하였습니다. 우리는 내 목적을 달성하기 위한 수단으로서 인스타그램을 사용하는 방법을 배워야 합니다. 기술은 계속 발전하고 있고, 이제는 인공지능이 사진과 이미지를 만들어주기도 합니다.

여러분이 대충 찍은 사진을 금세 멋진 포토그래퍼의 사진으로 만들어주는 앱도 (대부분 유료지만) 다양하게 출시되어 있습니다. 만일 잘 찍은 사진을 올린 계정만 살아남는다면 이렇게 많은 사람이 인스타그램을 사용할까요? 사진을 잘 찍는다는 것은 분명 부러운 재능이지만, 인스타그램을 하는 사람들이 모두 사진가는 아닙니다. 그리고 잘 찍은 사진이 많지만, 성장이 더딘 계정도 많습니다.

지금까지 저자가 말했던 인스타그램의 전반적인 내용을 이 책을 통해서 읽다 보면 결국 인스타그램의 콘텐츠는 어느 하나만 치중해서는 안 된다는 것을 이해할 것입니다. 그리고 해야 할 일도 공부해야 할 것도 너무 많다는 것에 이미 질릴 수도 있습니다. 하지만 인스타그램 이외에도 우리가 온라인에서 활동하는 대부분 플랫폼은 비슷한 방식으로 운영되고 있으니, 인스타그램을 잘하는 사람이 블로그나 유튜브도 잘 할 수 있는 가능성이 더 큰 것입니다.

플랫폼에서 잘 나가는 계정들의 상위노출 원리, 콘텐츠의 맥락이 비슷한 이유는 SNS가 사람들이 모이는 공간이라는 특성 때문이고, 블로그나 유튜브도 SNS에 속하지는 않지만 결국은 사람들이 없으면 돌아가지 않은 플랫폼이라는 것도 마찬가지이기 때문입니다.

디지털카메라와 스마트폰으로 사진을 찍는다는 것은, 우리에겐 너무나 당연한 일이고, 간편한 행위입니다. 디지털 기기들이 나오기 전에는 카메라는 사진에 취미를 가진 사람들, 혹은 업종에 종사하는 사람들만 다루는 기기였습니다.

지금은 어떤가요? 스마트폰에 카메라 기능이 탑재된 것은 너무 당연한 일이고, 점점 업그레이드되면서 일상의 영역에서 디지털카메라를 밀어내 버렸습니다. 흔하고 당연하고 무료처럼 느껴지기에 사진에 담긴 가치를 느끼지 못하고 마구잡이로 사진을 찍고 아무렇게나 SNS에 공유하고 있습니다.

만약 우리가 사진을 한 장 찍을 때 천만 원이 발생한다고 가정해봅시다. 너무 극단적인가요? 좋습니다. 그럼 한 장에 만원 정도라고 생각해보겠습니다. 지금처럼 원하는 사진이 나올 때까지 계속 사진을 찍기 어려울 것입니다. 한 장 한 장에 만 원씩 지출이 생긴다고 생각해보면 어떻게든 한 장을 찍기 위해 셔터를 누르기 전 꽤 많은 생각을 할 것이고, 가만히 앉아서 편하게 사진을 찍지도 못할 겁니다. 자리에서 일어나거나 혹은 바닥에 엎드리기도 하겠죠.

저자가 말하고 싶은 부분입니다. 우리는 사진을 찍을 때 너무 편하게 한 장을 소비합니다. 많이 찍어두고 그중에 하나를 고르는 것도 스마트폰과 디지털카메라의 장점이지만, 결국 수많은 사진 중에 한 장을 골라내는 데 또 시간이 듭니다.

우리는 프로 사진가가 될 이유가 없습니다. 다만, 셔터를 누르기 전에 이 사진이 어떻게 보일지 화면으로 미리보기가 가능합니다. 그 상황에서 잠시 멈추고 이 사진을 왜 찍을까? 사람들은 이 사진을 보고 무엇을 파악할까? 더 나아가 인스타그램에 이 사진을 첫 사진으로 사용할 수 있을까? 이 사진과 함께 사용할 해시태그는 어떤 것일까? 이런 생각을 함께 해보라는 것입니다.

생각한 사진은 찍은 사람의 생각이 묻어나고, 그냥 찍은 사진은 사진을 봐도 주제가 보이지 않습니다. 사진가와 일반인의 차이이기도 하고, 사진을 자주 찍는 사람과 일반인의 차이, 인스타그램을 하는 사람과 일반인의 차이이기도 합니다.

저자가 사용하는 인스타그램 사진편집앱

저자는 이번 책을 집필하면서, 기술적인 내용은 다루지 않고, 유튜브에서 찾아볼 수 있는 키워드를 알려드리고 있습니다. 한 번 출간하면 내용을 수정할 수 없는 책이란 매체의 특성상 많은 지면을 할애해서 프로그램에 대한 사용법을 다루는 것은 이미 유튜브로 모든 것을 배울 수 있는 요즘 세상에 맞지 않다고 생각하기 때문입니다.

저자가 사용하는 사진보정앱은 VSCO, SNAPSEED, Adobe Lightroom 단 3가지입니다. 대중적이고 강력한 편집기능을 제공하는 어플들입니다. 굳이 소개하자면 오랫동안 지우지 않고 사용하는 것을 기준으로 설명해 드립니다만, 인스타그램에 내장된 사진 보정 기능을 사용하고 있고, 앱은 거의 사용하지 않습니다. 사진 자체를 보정하는 것보다는 사진을 디자인 요소로 사용하는 일이 더 많은데, 스마트폰에서 직접 작업할 때 편리한 앱만 알려드리겠습니다.

- Snapseed(무료) : Snapseed는 구글에서 개발한 무료 사진 편집 앱으로, 다양한 편집기능과 도구를 제공합니다. 사용자가 직접 조절할 수 있는 커스텀 필터와 자동으로 적용되는 AI 필터를 제공하며, 광고 제거, 블러 처리 등의 기능도 제공합니다.
- Canva (유료기능도 있음) : Canva : Canva는 이미지, 포스터, 스토리 등 다양한 디자인 콘텐츠를 만들 수 있는 앱입니다. 다양한 디자인 템플릿과 편집기능을 제공하며, 사용자가 직접 이미지, 텍스트, 아이콘 등을 추가하거나, 레이아웃을 조정할 수 있습니다.

언급한 앱만 있으면 사진 보정과 사진 편집은 대부분 다 스마트폰만으로도 할 수 있습니다. 유튜브에 강의도 많이 있어서 배우기 쉬우니 꼭 익혀두면 좋겠습니다.

저자가 사용하는 릴스용 영상편집 앱

인스타그램에 내장된 릴스용 영상편집 앱을 사용해서 효과적인 결과물을 만들어 내는 인플루언서들도 많습니다. 특히 유행하는 릴스는 인스타그램 자체의 릴스 기능으로 만들어서 별도의 영상편집 어플로 제작하려면 더 어려울 때도 있습니다. 반대로 일반적인 영상편집은 인스타그램 자체에서 하기 어렵습니다.

릴스는 어떤 한순간만 재미있게 구성하는 클립 형식(짤)의 콘텐츠에 가까우므로 우리가 전달하고자 하는 메시지를 영상에 담기 어려움이 있습니다. 재미를 위한 콘텐츠와 정보성 콘텐츠는 기획 단계부터 태생이 다르기 때문입니다. 그래서 저자는 1분 이내의 짧은 숏폼 영상으로 만들더라도, 영상편집 앱은 다룰 수 있어야 된다고 생각합니다.

VLLO, Inshot, Capcut, Kinemaster 등 다양한 영상편집 앱이 있습니다. 그중에서 캡컷은 무료로 사용할 수 있는 강력하고 사용법이 쉬운 편이라 배워두시면, 릴스용으로 영상 제작하는 수준을 넘어 유튜브 영상편집까지 가능하니 인스타그램을 하시면서 배워두면 좋겠습니다.

저자가 운영 중인 유튜브 채널 "윤들닷컴"입니다. 직접 집필했던 실무도서들에 제공하는 강의를 올려둔 채널로 운영하고 있습니다. VLLO, 캡컷(모바일/PC), 칸바와 유사한 미리캔버스까지 강의를 올려두었으니 참고하시면 좋을 듯합니다.

인스타그램

|

게임처럼
레벨업 하는
재미로 하세요

저자는 이 책에서 인스타그램은 목적성을 가지고 욕망을 표현하면서 운영하라고 조언하고 있습니다. 이미 인스타그램을 하는 분, 혹은 이제 시작하려고 하는 분 모두 현재 인스타그램이라는 세상에서 자신이 어느 정도의 위치에 있는지 모릅니다. 그건 저자도 마찬가지입니다. 단순히 팔로워 수가 많다고 내 인스타그램 계정의 레벨이 높다고 볼 수는 없습니다. 팔로워 수는 비정상적인 방법으로도 순식간에 증가시킬 방법이 많이 있기 때문입니다.

네이버에서 '인스타그램 팔로워'라고 검색해보면, 돈으로 팔로워를 살 수 있는 서비스를 제공하는 업체들의 광고를 쉽게 찾을 수 있습니다. 인스타그램 이외에도 유튜브나 블로그에서 숫자로 표시되는 모든 수치를 돈으로 살 수 있습니다. 지금 당장 여러분이 인스타그램 계정을 하나 개설하고 게시물이 하나도 없는 상태여도 10만 팔로워를 만들 수 있습니다.

당연히 인스타그램을 운영하는 메타에서도 이런 편법들이 존재하는 것을 알고 있고, 알고리즘에 반영하여, 비정상적인 계정을 단속하고 있습니다만, 저자의 경험상 엄격하게 관리하고 있지 않다고 느끼고 있습니다. 편법 없이 순수하게 계정을 키워나가는 것은 노력과 시간이 필요합니다만, 인스타그램으로 마케팅하거나 특정 목적성을 표방할 때는 빠른 시간에 내 계정이 인스타그램 내에서 영향력을 가지기를 바랍니다.

이번 챕터에서는 정상적인 방법으로 빠르게 계정을 키우는 방법을 알려드리려고 합니다. 게임을 하며 레벨업 하는 재미를 인스타에서도 느껴봅시다.

인스타그램의 추천 알고리즘

인스타그램 계정의 레벨이 높다는 것은 꾸준히 좋은 콘텐츠를 계속해서 공유하고, 내 콘텐츠를 좋아하는 팔로워를 늘리며, 영향력을 높인다는 것을 말합니다. 사람들이 좋아하는 게시물은 우선 내 팔로워들에게 좋은 피드백을 받게 되면 1차 검증 단계가 끝납니다. 그 후 인스타그램 알고리즘은 좋은 콘텐츠를 해당 계정의 팔로워 이외에 다른 유저들에게도 노출합니다. 2차 검증 단계에 해당합니다. 그 후에는 해시태그 영역에서 인기 게시물이 되어 상위 노출됩니다. 상위 노출된 게시물은 검색의 결과로 사람들에게 노출되고 내 계정의 팔로워가 늘어나는 선순환의 결과를 가져옵니다. 이를 간단하게 도식화하면 다음과 같습니다.

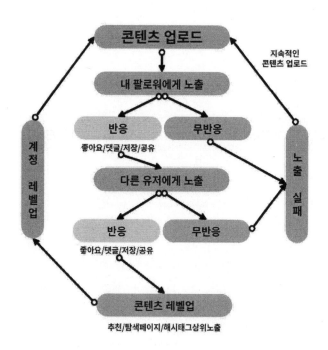

인스타그램 계정에 올리는 콘텐츠 하나하나가 내 팔로워 > 다른 유저 >
또 다른 유저를 거치며 검증과정을 거치게 됩니다. 결국 알고리즘은 우리
가 올린 콘텐츠 자체의 내용을 파악하여 좋은 콘텐츠인지 구별하지 않는
다는 의미입니다.

다른 유저들의 판단, 즉 집단지성의 관점에서 게시물 하나하나를 평가하
게 되는데, 이때 중요한 것은 다음과 같습니다.

● 콘텐츠를 게시하는 시간 - 사람들이 활동하는 시간에 콘텐츠를 게시
  해야 합니다. "연희동 꼭 가봐야 할 맛집 베스트 5" 같은 주제의 콘
  텐츠를 새벽 4시에 올리면 누가 볼까요? 내가 올린 콘텐츠에 팔로워
  들이 즉시 반응해주는 시간을 고려하는 게 무엇보다 중요합니다.

● 콘텐츠의 시의성 - 온라인에 올라오는 기사, 뉴스 등에 적절하게 대
  응하는 콘텐츠를 만드는 것도 효과적입니다. 이미 지나간 이슈, 계절
  에 맞지 않는 콘텐츠는 사람들의 관심이 낮을 수밖에 없습니다.

● **다른 사람이 좋아한 콘텐츠인가?** - 사람들은 다른 사람의 평가를 보
  고 어떤 행동을 취합니다. 인간의 집단성 때문인데 '좋아요'가 많은
  콘텐츠가 더 많은 '좋아요'를 받습니다.

● **원하는 바는 직접 말하기** - 유튜버들을 보면 타이밍을 잘 고려해서 '
  좋아요' 구독을 줄기차게 말합니다. 처음에는 어색해서 잘하지 못하
  더라도 결국은 익숙해져서 원하는 바를 직접 말할 수 있습니다. 여러
  분이 '좋아요', 팔로우, 저장, 공유를 원한다면, 콘텐츠 사이에 직접
  글로 넣어주세요. 혹은 영상으로 직접 요구해도 좋습니다.

● **댓글을 원할 때는 물어보는 어투를 사용하세요** - 여러분들의 게시물

을 보는 사람들에게 질문을 하거나 동의를 구하거나 공감을 원하는 어투로 글을 쓰세요. 대화하는 느낌을 주는 콘텐츠는 댓글 반응이 생깁니다. 반대로 댓글이 없는 콘텐츠는 답정너인 경우나, 내가 할 말만 하고 끝나는 느낌을 줍니다. SNS는 콘텐츠를 매개로 하는 사람 간의 연결 도구입니다. 늘 대화의 자세로 콘텐츠를 만드는 데 익숙해져야 합니다.

- **적절한 해시태그의 사용** - 해시태그는 인스타그램에서 단어별로 콘텐츠를 묶어주고 검색을 쉽게 해주는 단어입니다. 사람들이 자주 사용하는 해시태그는 당연히 인기가 높고, 해당 해시태그의 검색 결과에 딸려 나오는 콘텐츠의 양은 어마어마합니다. 인기 해시태그라고 부르는데, 인기 해시태그에서도 검색 결과에서 위쪽에 노출되는 게시물들을 상위노출 게시물이라고 부릅니다.

콘텐츠를 하나 발행하면 안에 주제를 여러 개 담을 수는 없습니다. 그래서 해시태그를 사용할 때는 꼭 필요한 것만 사용해야 합니다. 최대 30개까지 사용할 수 있지만, 해시태그가 많을수록 콘텐츠의 주제가 흐려지게 됩니다.

해시태그는 레벨업 개념에서 중요한 포지션을 차지하므로 별도로, 이번 챕터에서 따로 자세히 설명하도록 하겠습니다.

인스타그램 추천 알고리즘 도식을 보면 '좋아요', 댓글, 공유, 저장의 횟수를 수치화 시키는 것을 알 수 있는데, 이는 게시물 하나에 적용되는 수치이지만, 피드백을 많이 받는 게시물을 꾸준히 올리는 계정은, 좋은 콘텐츠를 발행하는 인스타그램에서 중요한 유저라는 기록이 남게 됩니다.

자연스러운 진성 레벨업 노하우를
알고 싶으신가요?

인스타그램 계정의 레벨이 높다는 것은 꾸준히 좋은 콘텐츠를 발행하고, 팔로워들과도 관계 유지(대댓글)를 잘하고 있다는 뜻입니다. 물론 우리는 다른 계정도 방문해서 내가 원하는 피드백과 똑같은 행위를 해야 합니다. '좋아요'도 누르고, 댓글도 달고, 공유도 하고, 저장도 하라는 것이죠. 일방적으로 바라기만 해서는 계정이 성장하지 않고, 속도가 더딥니다.

콘텐츠를 발행하는 것보다 더 중요한 것이 나를 팔로잉하고 있는 다른 유저들, 내가 팔로우하는 다른 유저들의 콘텐츠에 피드백을 열심히 하는 것입니다.

저자가 오프라인 강의에서 자주 말하는 부분이 있습니다. **'말하는 것보다 듣는 것이 더 중요한 것은 인스타그램에서도 똑같다.'** 말하는 행위는 콘텐츠를 발행하는 것과 같고 듣는 것은 다른 유저에게 피드백을 해주는 것과 같습니다. 실제 현실에서도 말이 많은 친구는 좀 피곤하고, 내 말을 잘 들어주는 친구가 더 끌리지 않던가요? 인스타그램에서도 똑같다고 생각하시면 됩니다.

새로운 사진을 찍어 올리고, 최신 트렌드의 릴스를 만들어 올리는 것도 중요한데, 다른 사람의 콘텐츠도 봐주고 잘 봤다고 피드백을 하는 것도 중요합니다.

저자는 이 부분을 약간 의무적으로 하고 있습니다. 홈피드 스크롤을 내려가면서 광고는 피해 다른 유저들의 콘텐츠를 두 번 터치하여 '좋아요'를 빠르게 처리하고, 일부 글을 저장 버튼을 누릅니다. 댓글을 남기는 건 솔직히 좀 귀찮습니다. 그래서 이모티콘만 남깁니다. 그리고 공유기능은 저자의 개인 카카오톡으로만 보냅니다. 하루에 한 10분 정도 식사 시간 이후에 양치하듯 루틴을 만들고 계속하고 있습니다. 이 중에서 추천해 드리는 건 아무래도 제일 빠르게 할 수 있는 '좋아요' 표시와 제일 귀찮은 댓글입니다. 댓글은 상대방에게도 누가 댓글을 남겼다는 것을 알려주게 되므로 그 사람이 다시 내 계정을 방문하고 '좋아요' 등을 주르륵 눌러주고 가기도 합니다. 어찌 보면 인스타그램에서 벌어지는 암묵적인 품앗이 같은 행위라고 보면 됩니다.

내 인스타그램을 성장시키는 10단계 공략법

인스타그램 추천 알고리즘을 보면 최초에 게시물이 등록되면, 1차 검증자는 내가 이미 보유한 팔로워들입니다. 그런데 만약 이제 막 계정을 새로 만들었다면, 내 게시물을 봐줄 사람이 없다는 말이기도 합니다. 그래서 인스타그램 알고리즘은 해당 게시물을 누가 좋아할지 어떤 주제인지 파악하기가 어렵습니다. 집단지성으로 게시물의 퀄리티를 파악할 수가 없습니다.

인스타그램에는 실제 눈에 보이는 계정의 레벨 개념은 없습니다만, 저자는 이 단계를 레벨 1이라고 하겠습니다. 레벨 1에서는 게시글을 올릴 때, 내 팔로워 대신 해시태그로 검색해서 들어오는 다른 유저들을 공략하는 것이 좋습니다.

급한 마음에 준비단계 없이 바로 시도하는 분들이 있을까 봐 염려되어 아래 단계를 순서대로 꼭 해두고 계정을 성장시키는 방법을 시도해보시길 바랍니다.

- 1단계 - 계정을 새로 만듭니다. 프로필 영역도 꼼꼼하게 채웁니다.

- 2단계 - 새로 만든 계정에서 다룰 주제를 다루는 계정을 50개 정도 찾아서 팔로우해주세요. 너무 팔로워 수가 많은 계정보다는 팔로워 1,000개 미만으로 피드가 어느 정도 채워진 활동 하는 계정이어야 합니다. 계정을 찾을 때는 해시태그 검색으로 찾으면 편합니다.

- 3단계 - 올리고 싶은 콘텐츠를 기획합니다. 사진만 올려도 되고 칸바 앱으로 만든 정보성 콘텐츠로 좋습니다. 앞으로 계속 올리게 될 것으로 생각하고 게시물 하나를 올리더라도 정성껏 만들어야 합니다.

- 4단계 - 인스타그램에 즉석으로 올리기에 부담스럽다면, 메모 앱을 사용해서 사진과 함께 올릴 글을 미리 적어두세요.

- 5단계 - 해시태그를 5개 정도만 미리 골라둡니다. 당연히 해당 게시 글에 어울리는 해시태그여야 합니다. 그리고 해시태그는 현재 레벨에 어울리지 않는 대형 해시태그를 절대로 쓰면 안 됩니다. 100~1,000 건 사이의 해시태그를 골라서 사용하되, 5개 모두 다른 해시태그가 아닌 단계별 해시태그입니다. 이 부분은 바로 다음 장에서 상세하게 다루겠습니다.

- 6단계 - 게시물을 올릴 때, 9시~22시 사이에 여러분이 올릴 게시물의 성격에 맞는 시간대를 선정하여 올려야 합니다.

- 7단계 - 팔로잉했던 계정들을 방문해서 '좋아요', 댓글을 작성하세요. 댓글은 여러분의 계정에도 방문해달라고 요청하면 되는데, 막무가내로 글을 적지 말고, 댓글을 다는 게시물에 공감한다는 내용으로 글을 먼저 적고, 이어서 첫 게시물을 올렸다고 한번 봐주면 좋겠다는 식으로 적으면 됩니다.

- 8단계 - 여러분이 7단계 활동하면, 상대방에게 알림이 갑니다. 그 계정에서 여러분의 계정을 100% 방문해 주는 것 아니겠지만, 일부는 방문하고, '좋아요'나 댓글을 적어줄 겁니다. 아직 게시물이 하나밖에 없을 테니 팔로잉해주진 않을 수도 있습니다. 게시물이 하나밖에 없지만, 프로필 영역을 자세하게 채워두라는 이유가 여기에 있습니다. 누구에게나 처음은 있습니다. 여러분의 처음에 공감해주고 응원해주는 사람도 분명히 있습니다.

- 9단계 - 3단계부터 7단계를 적어도 하루에 1회 반복합니다. (최대 3개) 인스타그램 알고리즘에 여러분들의 계정이 활동을 시작했고, 꾸준하게 같은 주제로 콘텐츠를 발행한다는 것을 알려주는 중요한 과정입니다. 블로그, 유튜브에 관해 이야기하는 책이나 강의를 참고하면, 항상 강조하는 부분은 꾸준함입니다. 시간이 걸리더라도 한 번에 레벨업이 되지는 않으니 중간에 포기하는 사람이 많은 이유이기도 합니다.

- 10단계 - 성장 속도를 높이기 위해서, 콘텐츠 발행 횟수를 급격하게 늘리는 것은 바람직하지 못합니다. 다만, 10단계에서는 보다 많은 사람이 여러분의 콘텐츠에 반응하도록 마중물을 부어주는 방법이 필요합니다.

10단계를 30일만 해보면, 소위 최적화 계정이 됩니다. 그 후로부터는 게시물에 작성했던 해시태그의 상위노출도 수준에 맞게 발생하고, 탐색 영역에서도 내 게시물이 보이기 시작합니다. 최적화 계정이 된 것을 확인하는 방법은 해시태그 5,000개 수준의 키워드를 달았을 때, 해당 키워드로 검색하면 상위노출이 되는 상태를 말합니다.

새로 만든 계정 기준으로 30일간 만들어야 할 수치는 다음과 같습니다.

- 매일 콘텐츠 게시 1~3건
- 팔로워 10명 늘리기
- 팔로우들 방문 '좋아요', 댓글 매일 각 1개
- 팔로워 30명 달성, 게시글 수 30개 이상
- 해시태그 테스트 후 노출 안 되면 다시 반복

내 레벨에 맞는 해시태그를 찾아내는 방법

팔로워 수가 절대적이진 않아도 왜 필요한지는 이제 이해하셨을 것으로 생각합니다. 내 게시물에 1차 피드백해주는 집단으로 팔로워 중 평균 5~10% 정도가 '좋아요'를 눌러주는 등의 반응을 한다고 합니다. 여기에 2차 피드백 집단의 반응까지 더 보태지면 수치를 점차 증가하게 됩니다.

팔로워 수가 많다면 5~10%에 해당하는 피드백의 총량이 많아지는 것과 같습니다. 그런 의미에서 결국 팔로워를 늘려가야 내 계정이 성장하는 동력을 얻게 됩니다. 하지만, 사람들은 쉽사리 팔로잉하지 않습니다. 팔로잉을 통해 다른 사람의 콘텐츠를 보는 것보다는 내 팔로워를 늘려 내 콘텐츠를 더 보게 만드는 것에 집중하고 있는 결과입니다. 이제 막 시작한 레벨 1 정도의 계정은 해시태그도 소형키워드 위주로 넣어주는 것이 좋습니다. 저자의 캠핑 인스타그램을 예로 들어보겠습니다.

인스타그램에서 검색에 '캠핑' 단어를 넣어 결과를 추출합니다. '캠핑'은 대카테고리에 해당하는 단어이며, 캠핑의 의미를 가지고는 있지만, '불명', '아웃도어'는 별개의 키워드로 찾아보는 것이 좋습니다. 우선 '캠핑'이라는 단어가 붙는 해시태그를 전부 찾아보면 55개가량 찾아낼 수 있었습니다. 이 중에서 레벨 1 계정에 맞는 해시태그는 사용량이 500개 미만 정도라고 가정하겠습니다. 해시태그 검출 결과를 모두 메모장이나 엑셀에 옮겨적고, 해시태그를 하나씩 눌러보면 정확한 수치를 알 수 있습니다.

이를 다시 분류해서, 캠핑 / 요리 / 장비 등 그룹화하는 느낌으로 다시 구분할 수 있습니다. 예를 들면, 캠핑요리, 캠핑음식, 캠핑먹방, 캠핑요리 추천, 캠핑한끼는 요리라는 주제로 묶을 수 있습니다.

캠핑의 일반 카테고리로는 위와 같이 해시태그를 추출하고 각각 게시물 개수를 파악해볼 수 있습니다. 시간이 오래 걸리는 과정이지만, 앞으로 우리가 사용할 해시태그를 미리 파악해두고 내 계정의 레벨에서 노출이 되는 수준인지를 확인하기 위해서는 반드시 한 번은 정리해야 될 과정입니다.

그리고 계정을 운영하다 보면 생각지도 못한 관련 해시태그들을 발견하게 되는데 그 단어들도 게시물 개수를 확인해서 추가로 정리해둬야 합니다.

#캠핑은 808만 개로 초대형 해시태그입니다. 레벨 1단계에서 사용할 수 있는 해시태그는 위에서는 없지만, 게시물을 하나 올릴 때 내 레벨이 어느 정도인지 가늠해보기 위해서는 100~500, 500~1000, 1000~2000, 2000~5000 이런 식으로 유사 키워드를 구분해서 가장 센 해시태그부터 약한 해시태그까지 5~6개 정도를 순서 관계없이 사용합니다.

그리고 캠핑요리를 주제로 사진 찍고 게시물을 올린다면, 캠핑요리의 의미를 포함하는 해시태그를 사용하면 됩니다. 해시태그를 한 번에 사용할 수 있는 개수는 총 30개이지만, 욕심부려서 모두 채워 넣을 필요는 없습니다. 좀 많이 사용한다고 해도 캠핑 관련 해시태그 5개, 요리 관련 해시태그 5개, 분위기 관련 해시태그 5개 이런 식으로 중복성을 가지는 해시태그를 사용하는 것이 바람직합니다.

추천사

이제까지 인스타그램 마케팅을 기능적인 관점에서 집필한 책은 많았다. 하지만 이 책처럼 사람의 심리를 이용해 채널을 키워 나가는 방법을 다룬 책은 최초가 아닐까 싶다.

이 책은 인스타그램을 이용하는 이들의 욕망을 날카롭게 꼬집어 내고, 콘텐츠를 등록하는 사람과 관전하는 사람들의 입장을 비교해 효과적으로 인스타그램 채널을 성장시키는 방법을 알려주고 있다.

운영하던 인스타그램 채널을 키워 다양한 협찬을 이끌어 낸 인플루언서가 된 실제 본인이 경험한 사례를 바탕으로 한 실용적인 조언들에 줄긋기를 하다 보면 어느새 새까만 줄로 꽉 찬 책을 발견하게 될 것이다.

특히 이 책의 말미에 소개된 인플루언서 협업을 준비하는 기업 담당자를 위한 당부는 장차 기업과 상생하는 마케팅 파트너가 되고자하는 개인 인플루언서에게도 시사하는 바가 크다.

대형 인플루언서가 아닌 일반인 인플루언서와 함께 브랜드를 키워나가고픈 소기업 담당자들에게도 큰 도움이 될 것으로 보인다.

- 귤커뮤니케이션 대표
- 계원예술대 광고브랜드디자인학과 겸임교수 이언주

인스타그램에도

마중물은

필요합니다

독자 여러분 마중물이라고 들어보셨나요? 펌프질할 때 물을 끌어 올리기 위하여 위에서 붓는 물을 의미합니다. 마중물 없이는 땅속 깊은 곳에 있는 지하수가 올라오지 않습니다. 인스타그램에서도 마중물이 필요합니다. 앞서 저자가 말한 인스타그램을 성장시키는 방법은 꾸준하게 지속해야 하는 정석의 방법입니다. 여러분의 노력에 마중물을 부어준다면 더 짧은 시간에 계정은 폭발적으로 성장할 수 있습니다.

정성의 방법이 노력과 시간이 들어간다면, 마중물은 돈이 들어갑니다. 인스타그램에는 게시물 광고라는 마중물이 있고, 광고는 인스타그램에 있어서는 캐시카우입니다. 당연히 광고는 돈이 듭니다. 인스타그램에서 광고하는 방법은 초보자도 할 수 있을 정도로 간편하며 쉽게 설계되어 있습니다.

여러분의 인스타그램 계정을 프로페셔널 계정으로 변경하고, 페이스북 페이지를 자동으로 하나 연결하면 세팅은 끝납니다. 물론 해외 결제가 가능한 신용카드가 필요합니다. 페이스북 광고관리자 페이지에 접속하지 않아도 인스타그램에서 게시물 홍보하기 버튼만 누르면 여러분이 광고 대상으로 설정한 인스타그램 유저들에게 게시물을 노출할 수 있습니다.

유료 광고하는 방법은 유튜브에서 쉽게 찾을 수 있습니다. 인스타그램에서 제공하는 유료 광고 이외에도 마중물을 부을 수 있는 더 좋은 방법이 있습니다. 이미 많은 대행사에서도 노하우라고 말하며 사용하고 있는 방법입니다. 이제 그 방법을 여러분들께도 알려드릴 시기가 된 것 같습니다.

인스타그램 광고대행사의 상위노출 노하우

인스타그램의 유료 광고의 역할은 내 팔로워 이외의 유저들에게 내 게시물을 노출하는 것입니다. 노출되면 해당 게시물을 보는 것은 광고에 노출된 사람들이 터치해서 보느냐 마느냐에 달려 있습니다. 즉, 게시물 자체가 매력적이지 않다면 클릭 단가가 높아집니다. 만원을 쓰고 1,000명에게 노출할 계획이었으나 100명에게만 노출된다는 뜻이므로 결국 유료 광고를 사용해도 여러분의 게시물이 매력적이지 못하다면 확인하지 않는다는 것입니다. 그런데도 초기에 팔로워가 없는 계정에서는 적은 비용으로 내가 특정한 타켓 집단에만 게시물을 노출할 수 있으므로, 매력적으로 느껴질 수 있습니다. 인스타그램 유료 광고 집행 방법은 유튜브나 네이버 블로그에서 찾을 수 있습니다.

비슷한 비용을 사용하지만, 여러분의 게시물에 ['좋아요'], [댓글], [공유], [저장]을 원하는 수만큼 살 수 있다면 그 효과는 확실하지 않을까요? 지금 당장 인스타그램에서 검색해서 XX동맛집 태그를 찾아보세요. 그러면 광고 게시물들이 대부분 상위에 노출된 것을 확인할 수 있을 겁니다.

예시로 살펴본 #해운대맛집 해시태그는 총게시물 191만 개로 대형 키워드에 속합니다. 여기에 상위 노출된 계정들은 인스타그램 레벨이 얼마쯤 되길래 저기에 노출되어 있을까요? 얼마나 오랫동안 계정을 키웠을까요? 콘텐츠를 만들 때 얼마나 오래 기획하고 디자인했을까요? 그런데 왜 똑같은 게시물이 여러 개 보일까요? 사진은 같은데 왜 글자 색만 다를까요? 글자는 똑같은 디자인인데 사진이 다를까요? 여러분도 한 번 지금 검색해보세요. 이 책을 읽을 때쯤엔 아마도 다른 게시물이 도배되어 있을 테지만 저자가 말하는 것에서 크게 벗어나 있지 않을 겁니다.

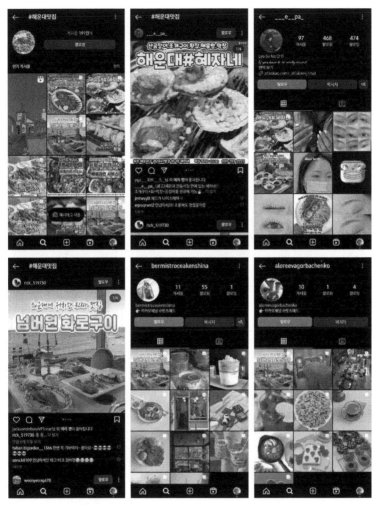

해운대 혜자네를 올린 어떤 계정은 피드가 좀 이상합니다. 음식점, 손톱 다듬기, 눈썹라인, 속눈썹 딱 봐도 계정 주제가 없습니다. 그리고 팔로워가 500도 안 됩니다. 넘버원 화로구이 게시물을 올린 두 개의 계정은 팔로워 55, 심지어 팔로워 1입니다. 어떻게 이런 계정에서 191만 개 해시태그의 상위노출을 만들었을까요?

그 방법은 바로 트래픽 몰아주기 방식을 사용했기 때문입니다. 191만 해시태그에 상위노출을 시키려면 어마어마한 '좋아요' 수치가 필요합니다. 공유하기나 댓글, 저장 수치도 함께 필요합니다.

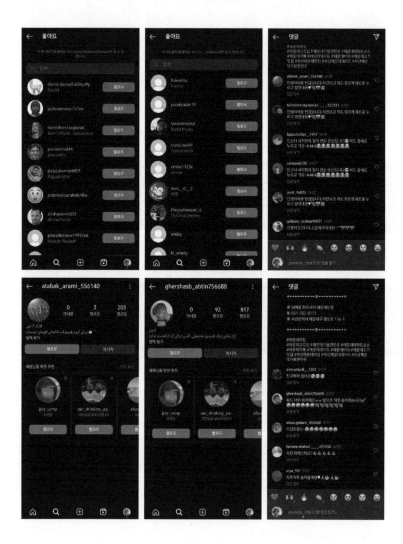

상위 노출된 게시물이 등록된 계정을 확인해보겠습니다. '좋아요'를 누른 사람들의 리스트는 누구나 열람할 수 있습니다. 그런데, 계정 아이디가 다 이상하네요. 프로필 사진이 없는 건 그럴 수 있다고 치지만 전부 다 외국인 계정입니다. 그리고 댓글을 확인해보니 프로필 사진은 외국인인 데, 한국어로 댓글을 남겨놨습니다. 해당 외국인 계정으로 들어가 보니 역시 외국인입니다.

독자 여러분 아시겠나요? 네이버에서 찾아보면 '좋아요'와 팔로워를 늘려준다는 업체들의 서비스를 이용해서 게시물에 트래픽을 몰아주고 상위 노출을 시켜둔 결과입니다. 게시물을 올려둔 계정 자체도 꼼수로 걸려서 계정삭제가 되어도 아깝지 않은 생성한 지 얼마 안 된 계정이고요. 이런 식으로 오로지 해시태그의 상위노출만 목적으로 운영하는 유령계정들이 어마어마하게 많습니다. 그건 계정의 게시물에 '좋아요' 트래픽을 몰아주는 것 역시 유령계정입니다.

이런 방법을 사용할 때 이상한 점을 눈치챌 수 있으니 한국인 계정으로 작업을 하기도 합니다. 그래서 외국인 계정으로 '좋아요'나 팔로워 수를 늘리는 것은 한국인 계정보다 훨씬 저렴합니다.

인스타그램전문관리 그린인스타 · 국내최다 고객&기업관리업체

[광고] www.xn--2i0b75tq8gi7eqon.kr/

실제 활동하는 한국인 팔로워&자동, 무제한 좋아요 계정토탈관리 개인/기업/홍보전문

견적문의 · 온라인상담 · 무료컨설팅

인스타프렌즈 대박 이벤트 · 팔로워&좋아요 완벽 시스템

[광고] 인스타프렌즈.com

100% ALL 한국인 팔로워 증가, 안전 친절 정확 3대장

견적문의 · 사용법 문의 · 기타문의

계정 최적화전문 sns플러스 · 개인&기업 마케팅 전문

[광고] sns-plus1.com

한국인 팔로워,좋아요 증가, 인기게시물 노출, 쇼핑몰 노출,기업 홍보 광고 전문

견적문의 · 사용법문의 · 서비스소개

네이버에서 "인스타그램 팔로워 늘리기"라고 검색하면, 생각보다 많은 업체에서 광고하고 있다는 사실에 놀라게 됩니다. 수요도 그만큼 많다는 것이고, 인스타그램을 운영하다 보면 이런 업체들에서 DM도 많이 받습니다.

이게 만약 불법이라면 네이버에서 광고할 수 없으니 불법은 아닙니다. 편법에 해당할 순 있을 것이고, 양심의 문제이기도 합니다. 누군가에게는 다른 사람의 '좋아요' 숫자를 보고 해당 게시물을 올린 계정을 팔로잉할 수 있는 것이니까요.

내 게시물에 트래픽을 쏟아부어, 상위노출을 시켜보자

지금부터 말씀드리는 방법은 양날의 검이 될 수 있습니다. 욕심을 부리면 계정 자체가 블락되어 버리는 쉐도우밴 상태가 됩니다. 하지만 마중물의 개념으로 적절하게 사용하면, 더 빨리 계정을 키울 수 있습니다. 인스타그램은 상위노출만이 목적이 아닙니다. 꾸준하게 내 계정을 건강하게 키우는 것이 목적입니다.

저자는 이런 서비스들은 양과 음의 중간 즈음에 있는 그레이햇 정도의 개념으로 이해하고 있습니다. 해커를 구분할 때 사용하는 용어인데, 블랙햇 / 화이트햇 / 그레이햇으로 나뉩니다. 더욱 자세한 내용은 https://ko.wikipedia.org/wiki/그레이햇 위키를 찾아보시면 됩니다.

네이버에서 찾은 어떤 업체에서 제공하는 서비스 가격입니다. 한국인 계정으로 '좋아요'를 받을 때는 건당 70원꼴로 50개를 넣어준다고 되어 있습니다. 외국인 계정은 훨씬 저렴합니다.

'좋아요' 수치만 증가하면 알고리즘에서 수상하게 여길 수 있으니, '좋아요'와 함께 도달과 노출을 늘려주는 서비스도 돈을 받고 해주고 있습니다. 그 외에도 공유와 저장, 댓글마저 돈을 주고 구매할 수 있습니다.

매번 게시물을 올릴 때마다 이런 방법을 사용하면, 대략 만원 정도의 비용이 발생합니다. 인스타그램의 유료 광고는 노출만 해주는데 최저 비용이 하루 2,000원 정도 발생합니다. 오로지 노출을 더 해준다는 조건으로 내는 광고료입니다. '좋아요'나 저장, 댓글, 공유는 보장하지 않습니다.

업체에서는 고객이 필요한 숫자만큼 돈을 지급했기 때문에 수량이 덜 채워지면 AS를 요청할 수 있고 그 수만큼은 꼭 채워줍니다.

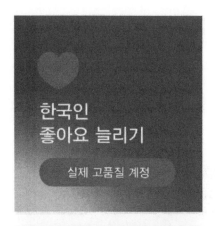

이런 마중물 시스템을 사용할 때도 물론 주의사항은 있습니다. '좋아요', 댓글, 공유, 저장 등의 게시물이 등록되었을 때의 피드백은 되도록 사람이 하는 것처럼 보여야 한다는 것입니다. 먼저 게시물이 등록되면 내 팔로워가 알게 됩니다. 그런데 아직 내 팔로워가 없으니 노출을 시킬 수가 없습니다.

따라서 노출과 도달 상품을 구매해서 트래픽을 강제로 만들어내고, 그 후에 '좋아요' 상품을 구매하고, 마지막으로 공유, 저장 상품을 구매합니다.

이 순서가 결국 사람들이 실제로 게시물에 보이는 반응의 순서인데, 만약 **'좋아요' 구매만 반복적으로 자주 하게 되면 계정이 막혀버릴 수도 있으니 주의해야 합니다.**

또한 게시물을 올리고 나서 한참 시간이 지난 게시물에 트래픽을 부어주는 것은 무용지물입니다. 따라서 상위노출을 시키고 싶은 게시물이 있다면, 모든 상황을 준비하고 순차적으로 진행해야 합니다.

● 1단계 : 트래픽을 몰아줄 서비스에 가입하고, 충전금 결제해둡니다.

● 2단계 : 게시물, 릴스 등의 콘텐츠를 완벽하게 만들어둡니다. 글자는 메모장에 미리 입력해두고, 사진이나 영상도 바로 올리면 되는 단계까지 수정합니다.

● 3단계 : 트래픽 사이트에 접속하여 상품 구매할 준비를 합니다.

● 4단계 : 게시물을 올리고, 즉시 트래픽 상품을 구매합니다. 순서는 노출, 도달 상품 > '좋아요' > 공유, 저장 상품 순으로 각 3분 간격으로 구매합니다.

● 5단계 : 30분 이후 게시물에 작성해둔 +5000 이상의 해시태그로 검색했을 때 상위노출이 되면 제대로 진행이 되었다고 볼 수 있습니다.

우리의 진짜 목적은
건강한 계정에서 시작됩니다

독자 여러분은 지금까지 내용을 알고 나서 어떤 생각이 드시나요? 이런 방법도 있었구나, 혹은 나는 절대 돈 주고는 이렇게 못하겠다. 혹은 빨리 돈을 내더라도 계정을 빨리 키워서 인스타그램을 하는 목적을 빨리 달성 하겠다. 여러 가지 생각으로 머리가 복잡해졌을 수도 있습니다.

저자가 마중물 이야기를 꺼낼 땐 분명한 이유가 있었습니다. 우물가에서 펌프질해본 경험이 없는 분들이 많겠지만, 마중물은 단 한 번만 부어두면 됩니다. 이미 물이 펑펑 나오고 있는데 더 이상 마중물을 부어주는 멍청 한 짓은 하지 않습니다.

인스타그램 계정을 만들고 처음에는 우리가 콘텐츠를 만들고 사람들과 관계를 맺는 시간이 꽤 오래 걸릴 겁니다. 그래서 조급함이 생깁니다. 현 실에서도 갑자기 친구가 생기고 인기인이 되지 않는 것처럼, 친구를 만들 고자 한다면 시간도 노력도 돈도 들어갑니다. 학교에서 친구랑 빨리 친해 지는 방법의 하나는 한 번쯤은 용돈을 모아 친구들에게 떡볶이라도 쏘면 금세 친해지기도 합니다. 인간은 생각보다 물질적인 유혹에 약하니까요.

하지만 그 후로도 계속 떡볶이를 사줘야지만 친구 관계가 유지된다면 그 건 누구의 잘못일까요? 돈으로 떡볶이는 살 수 있지만, 친구는 사지 못 합니다. 인스타그램도 마찬가지 아닐까요? 돈으로 살 수 있는 것들은 수 치일 뿐이고, 매번 그 수치를 살 수도 없습니다. 물론 팔로워마저 돈으로 살 수 있습니다. 그런데 팔로워는 절대로 돈을 주고 사면 안 되는 수치 입니다. 인스타그램에서 마중물까지 부어가며 계정을 키우는 목적은 팔로 워를 점차 늘려나가기 위함이지 팔로워 수를 인위적으로 늘리는 건 계정을 망하게 하는 지름길이기 때문입니다.

돈을 주고 피드백을 산 것과 팔로워를 사는 것은 완전히 다른 개념으로 구매한 팔로워는 여러분들이 게시물을 올리던 그 사람의 계정에 가서 피드백해주건 아무런 반응을 하지 않습니다. 유령계정 혹은 비활동성 계정이라고 하는데, 그런 계정들은 앞서 이야기한 부업계정과 똑같이 여러분들이 올린 게시물들이 1차 검증을 지나는 동안 아무런 역할을 하지 못하기 때문에 결국은 강제로 피드백을 만들어 내기 위해 또 돈을 주고 피드백을 사야 하는 악순환의 결과만 불러올 뿐입니다.

부디 이 글을 읽는 독자 여러분은 당장의 이익을 위해 황금알을 낳는 거위의 배를 가르는 성급한 결정을 하지 않으셨으면 좋겠습니다.

이 책의 [인스타그램 마중물 파트]의 글을 작성하는데 직, 간접적으로 많은 도움을 주신 ㈜제이커브인터렉티브 대표 김대웅 님께 지면을 빌려 감사의 말씀을 전합니다.

인스타그램에도
기브앤테이크는
있습니다

인스타그램 계정을 운영하는 것은 궁극적으로는 다른 사람과의 커뮤니케이션입니다. 커뮤니케이션을 소통이라는 국한된 분야로 바라본다면 인스타그램으로 우리가 얻는 이득이자, 이 책을 관통하여 저자가 일관되게 주장하는 "욕망을 실현하는 도구로서 인스타그램"을 운영해야 하는 잘 이해하지 못한다고 할 수 있습니다.

게시물을 작성하는 것은 어떤 이유에서든 게시물을 보는 입장에서는 정보에 해당합니다. 가치가 있다고 판단하기에 팔로워를 하고 관계를 유지하는 것입니다. 여러분이 발행하는 콘텐츠가 더 이상 필요 없다면, 팔로잉을 끊을 수도 있습니다. 플랫폼에 결코 내 콘텐츠를 공짜로 퍼줄 이유는 없습니다. 우리는 인스타그램에서 1등이 될 필요도 없고, 내 게시물이 '좋아요'를 많이 받는 결과에 만족해할 필요도 없습니다.

콘텐츠 하나를 만들어도 많은 고민과 노력이 들어갑니다. 응당한 보상이 있어야 합니다. 작은 목표는 팔로워를 늘려서 계정을 성장시키는 것이고 큰 목표는 인스타그램을 운영하는 목적에 이르러야 합니다.

매장을 운영한다면 인스타그램을 운영하기 전보다 더 많은 손님이 방문해야 하고, 온라인쇼핑몰을 한다면 더 많은 고객이 방문해야 합니다. 누군가는 협찬을 더 많이 받아야 하고, 누군가는 공동구매로 돈을 벌어야 하고, 누군가는 더 많은 고객 연락처를 얻어야 합니다.

이 책을 다 읽을 때까지 잊으면 안 됩니다. **욕망의 인스타그램**

원하는 바가 있다면
끊임없이 요구해야 합니다

유튜브 자주 보시나요? 항상 유튜버들이 영상의 처음, 중간, 마지막 부분에 잊을 만하면 구독과 '좋아요', 알림 설정까지 해달라고 외칩니다. 이제 너무 자주 들어서 가끔 아무 말도 하지 않는 유튜버를 보면 어색하기도 합니다. 왜 이렇게 계속 구독과 '좋아요'를 해달라고 할까요? 말을 해야 그제야 사람들이 생각이 들기 때문입니다. 물론 하고 말고는 콘텐츠가 좋아야 함에 딸린 일이지만, 재미있고 도움이 되는 영상을 만들었어도 유튜버가 요청하지 않으면 시청자는 잊어버립니다.

심지어는 '좋아요', 구독, 알림 설정이 어디 있는지도 모르는 사람도 있습니다. 그래서 영상에서 말로만 하지 않고, 손가락으로 위치를 가리키면서 눌러달라고 합니다.

유튜브에서는 영상을 시청해야 영상에 붙은 광고를 보게 만들고, 광고 수익을 얻습니다. 구독자가 많아져야 내 영상을 꾸준히 봐줄 사람이 생깁니다. '좋아요'를 많이 받아야 구독자 이외의 유튜버 유저들에게 노출됩니다. 그러니 유튜브 채널을 운영하면서 광고 수익을 얻기 위한 목적을 달성하려면 유튜브에서도 욕망을 드러내야 합니다. 우리나라 사람은 돈 이야기가 나오면 싫어하는 경향이 있습니다.

그래서 구독과 '좋아요'를 눌러주시면 제가 광고 수익을 더 많이 받아서 돈을 많이 벌 수 있으니 꼭 해주세요. 이런 식의 말은 하지 않습니다. 다만 영상을 만드는 데 힘이 되고 응원이 된다고 에둘러서 표현합니다. 시청자는 '좋아요' 한 번 눌러주는 데 딱히 돈이 드는 건 아닙니다만, 까먹어서, 귀찮아서 하지 않고 다시 다음 영상을 보기에 급급합니다. 그래서 구독자 수를 넘어 튼튼한 커뮤니티를 만들기 위해 주기적으로 유튜브 라이브도 하고 구독자 이벤트도 하고 어장관리를 하는 것입니다.

인스타그램과 다를 바가 하나도 없습니다.

유튜브에서 일어나는 일을 그대로 인스타그램에서도 할 수 있고, 또 그렇게 하는 사람들이 많습니다. 사실 이건 플랫폼과는 아무 상관 없는 마케팅 행위일 뿐입니다. 우선 많이 사용하는 방법 몇 가지만 알려드리도록 하겠습니다.

첫 번째는 구독과 '좋아요'를 눌러달라고 외치는 것처럼 인스타그램 게시물을 등록할 때 10장의 사진 중 하나에 적어두는 것입니다. 예시는 다음과 같습니다.

집필하면서 캠핑용품을 소개하는 게시물을 하나 올려봤습니다. 첫 사진은 캠핑용 커피용품이라는 걸 알리는 문구가 들어갔고, 10장의 사진 중 마

지막은 칸바앱에서 5분 만에 급조해서 만든 요청사항 안내 문구가 들어간 이미지입니다. 인스타그램에서 각 아이콘이 의미하는 바를 아이콘 옆에 텍스트를 넣어 설명하여 해당 기능을 사용해보지 않은 사람들에게 친절하게 안내도 했습니다. 이것조차 몰랐던 사람에게는 정보가 되는 것이죠.

게시물을 올리고 바로 노출, 도달 트래픽을 올려주고, '좋아요'도 100개 구매해보았습니다. 댓글도 몇 건 구매하고요. 당연히 전부 한국인 실 계정만 사용했으므로 외국인 계정보다는 다소 비용이 들어가는 편이지만, 댓글도 자연스럽고 트래픽이 다양하게 들어오니 저자가 게시물을 등록할 때 사용했던 해시태그들 일부는 상위노출이 되었습니다. 아직은 백만 회가 넘어가는 해시태그는 어림도 없긴 합니다만 계정이 성장하면서 점차 트래픽을 넣었을 때, 대형 해시태그에도 최상위 노출이 가능해질 것이라 예상합니다.

저자의 캠핑 계정은 실제 운영하는 계정이고, 최적화가 된 상태라서 트래픽 작업은 굳이 할 필요는 없지만, 인스타그램 계정의 레벨에 상관없이 구매한 트래픽으로도 상위노출을 시키고, 1차 검증과 2차 검증 단계를 빠르게 통과할 수 있게 부스터를 달아주는 개념으로는 사용할 수 있습니다.

이 게시물에서 저자는 마지막 페이지에서 피드백해달라고 요구하였고, 이를 본 유저들이 요구사항대로 100% 해준다고 볼 수는 없지만, 다른 게시물과 비교해 보면 더 많은 피드백을 받을 수 있는 조건은 만들어둔 것입니다. 사진 보정 기능은 인스타그램에서 할 수 있지만 사진에 글자나 도형을 넣는 단순한 편집디자인조차 불가능하니 꼭 글그램 / 칸바 / 미리캔버스 등 스마트폰에서 가볍게 사용할 수 있는 디자인 애플리케이션을 하나쯤 꼭 사용법을 익혀두시기를 바랍니다.

인플루언서처럼 가끔 이벤트도 해야 합니다

언젠가부터 인스타그램에서도 팔로워 5000 달성 기념 이런 이벤트를 자주 하는 개인 계정들을 심심찮게 만날 수 있습니다. 비싼 선물은 아니지만, 팔로워들과 이벤트를 하다 보면 좀 더 튼튼한 커뮤니티가 구축되고, 이를 기반으로 공동구매를 진행할 때도 도움이 됩니다. 특히 업체에서 협찬받을 때, 제품 일부를 팔로워들에게 나눠주는 방식도 많이 쓰입니다.

업체에서도 직접 대행사를 통해서 인스타그램 마케팅하지 않고 자체적으로 이벤트를 진행하는데, 팔로워 이벤트, 리그램 이벤트, 퀴즈 이벤트 등이 있고, 이벤트 진행할 때, 친구소환이나 다른 계정을 팔로잉하라는 등 다양한 조건을 걸어서 계정을 키우는 데 노력합니다.

유통, 제조 브랜드에서는 제품을 제공해도 크게 부담이 없습니다. 마진 없이 제품가격만 지출되지만, 대행사 광고비보다는 훨씬 싸게 먹힙니다. 인스타그램에서 #이벤트 #리그램 #팔로우 단어로 검색해보면 다양한 이벤트 사례를 볼 수 있으니 여러분도 굳이 고민해서 이벤트를 진행하지 말고, 벤치마킹해서 여러분 계정에서 할 수 있는 이벤트를 진행하시기 바랍니다.

인스타그램에서 이벤트를 진행하면, 당연히 체리피커도 꼬이게 됩니다. 이벤트 해시태그만 검색해서 응모만 하는 헌터 계정도 있습니다. 리그램 이벤트는 참여 기간 동안 자신의 계정에 업체의 리그램 게시물을 홍보하고 있어야 하므로 피드의 톤앤매너를 해친다는 우려로 이벤트 참여만 하는 전용 계정을 운영하기도 하죠.

공짜라면 양잿물도 마신다는 옛말이 괜히 있는 건 아닌가 봅니다.

체리피커들은 이벤트 발표 전까지는 팔로잉을 유지하다가 본인의 당첨 여부와는 상관없이 리그램 게시물 삭제, 팔로잉 취소합니다. 어찌 보면 당연한 행동일 수 있습니다. 누가 자기 집 담벼락에 업소 포스터를 계속 붙여두고 싶을까요?

그래서 이벤트를 진행하는 계정에서는 이벤트 기획을 잘해야 합니다. 몇 가지 정리해보자면 다음과 같습니다. 참고해서 여러분도 적용해보시기 바랍니다.

- 이벤트 상품은 가격 단계를 10배씩 적용할 것 - 1등에 해당하는 상품이 소소한 것이라면 이벤트 참여 자체를 안 하게 됩니다.

- 배송해야 하는 상품 수량을 많이 걸지 말 것 - 택배비도 많이 나오고, 당첨자 주소를 취합하기도 어렵습니다. 모바일 커피 쿠폰이 좋습니다.

- 기브앤테이크를 분명하게 밝히세요 - 이벤트 참여 조건, 당첨자 선정 조건, 당첨 후 당첨자에게 요구할 것 이렇게 구분하면 조금 비싼 경품을 걸어도 체리피커가 많이 줄어듭니다. 특히 여러분을 대신해서 제품과 매장 사진을 찍어주고 올려주는 등 확실한 피드백을 받으려면 상품의 가치가 있어야 합니다.

- 이벤트 진행 전에 사전공지를 하세요 - 언제 어떤 내용의 이벤트를 시작한다는 게시물을 올려 기대치를 높이고, 한 번에 이벤트 게시물에 트래픽이 몰리도록 하세요. 라이브쇼핑에서 사전공지를 하는 이유나 와디즈에서 오픈 예정으로 바람을 잡는 것과 같은 이치입니다.

- 당첨자 선정은 내 계정의 성장에 유리하게 하세요 - 그냥 무작위 랜덤으로 당첨자를 뽑는 것은 아무런 의미가 없습니다. 이벤트 참여 댓글만 봐도 체리피커인지 원래부터 팔로워였는지 알 수 있습니다. 이왕 선정할 거라면 공정하되 여러분의 계정에 도움을 줄 수 있는 참여자를 선정하세요. 특히 당첨자의 조건으로 제품을 받거나 매장을 방문해서 서비스를 받을 때는 인스타그램이나, 블로그, 유튜브 등에

콘텐츠를 올려줄 수 있는 사람을 대상으로 선정하는 것이 서로 도움이 되는 방법입니다.

● 당첨자 발표는 이벤트에 공지한 대로 분명하게 진행하세요 - 발표 약속 시간, 발표 방식, 당첨자 공개 여부, 개별 DM 발송 등 이벤트 후에 잡음이 많이 생깁니다. 당첨자는 자신이 왜 당첨되었는지 궁금하지 않지만, 미당첨자는 당첨된 사람들이 어떤 계정인지 뒷조사도 하고, 자신이 떨어진 이유를 공개하라고 DM을 보내오기도 합니다.

● 이벤트 게시물의 문구는 찾아보고 벤치마킹하세요 - 인스타그램에서 이벤트 게시물을 찾아보면 기발한 아이디어로 잘 정리된 글이 많습니다. 문구를 짜내려고 고민하지 말고 잘 정리된 글을 여러분의 사정에 맞게 수정해서 사용하세요.

● 이벤트는 너무 자주 하지 마세요 - 이벤트를 진행할 땐 명분이 있어야 합니다. 신제품 출시, 새로운 메뉴 출시, 팔로우 10k 달성 기념 등 이유 없이 이벤트를 하면 사람들에게 각인되지도 못하고 경품만 낭비하고 말게 됩니다.

● 팔로워가 얼마 되지 않을 땐 이벤트를 하면 안 됩니다 - 중복당첨자 발생 확률이 높고, 당첨자 선정에 공정한 느낌을 주지 못합니다.

● 주고 싶은 사람에게 주세요 - 이벤트 게시물을 올릴 때, 추첨방식에 선정 사유를 명확하게 작성하세요. 가끔 인스타그램에서 확인할 수 없는 혹은 확인하기에 너무 어려운 조건을 내걸어서 당첨자 발표가 안 되는 일이 있습니다. 예를 들면, 댓글을 제일 많이 단 사람을 뽑겠다는 둥 친구소환을 제일 많이 하는 사람을 뽑겠다는 둥 (귀찮은 선정방식은 처음부터 배제하세요.)

인플루언서
활용백서

저자는 취미로 캠핑이 아닌, 캠핑 유튜버를 하고 있습니다. '파파 스캠핑'이라는 채널인데, 2022년 7월에 본격적으로 업로드를 했으니 이제 10개월 차입니다. 수익화 조건이 되고 나서부터는 유튜브의 광고 수익도 발생하지만, 실제 광고 수익보다는 협찬수익이 더 많이 발생하고 있습니다.

보통 채널이 커지고, 광고가 들어와서 하기 시작하면 구독자들로부터 변심했네, 자본주의네, 역시 이럴 줄 알았네! 등의 반응이 나오면서 채널 성장이 주춤해지는 것이 당연한데, 저자는 아예 처음부터 광고 수익 목표가 얼마이고, 캠핑 유튜버를 왜 하고 있는지를 영상에서 계속 말했기 때문에 오히려 그 점은 편하게 생각하고, 협찬받아도 단점이라고 생각하는 부분은 가감 없이 말해버리기 때문에 광고라고 생각하지 않고 정보라고 받아들이는 분들이 더 많습니다. 물론 협찬제품을 소개한다고 해도 영상을 보는 사람 중에 얼마나 구매하겠냐는, 제품을 제공하는 업체로서는 홍보 채널이 하나라도 더 생기는 것이 좋습니다.

인스타그램을 통해서도 제품협찬이나 혹은 콘텐츠 제작비를 받고 대신 홍보를 해주는 일이 자주 생깁니다. 하루에도 5~8건 정도의 협찬 제의를 메일로 DM으로 받고 있습니다. 여러 조건 때문에 실제 진행되는 건은 30% 정도이지만, 저자가 유튜브를 시작하고, 인스타그램도 병행하면서 이미 목표했던 부가 수익은 달성하고도 남고 있습니다. 물론 전업할 생각이 들만큼의 수익은 아니라서 지금도 캠핑 유튜브 촬영을 다녀와서 이렇게 집필에 매진하고 있긴 합니다.

인스타그램으로 마케팅하고 싶은 자

저자는 캠핑 유튜버와 캠핑 인스타그램을 하면서 이제는 마이크로 인플루언서의 수준은 넘어섰다고 생각합니다. 비중은 70:30 정도로 유튜브에 더 집중하는 편이지만, 실제 저자에게 도움이 되는 쪽은 유튜브가 아니라 인스타그램입니다. 수많은 중소규모 캠핑브랜드 대표들, 캠핑장 사장님, 밀키트 업체 대표, 유통업체 마케터들과 인스타그램으로 친해지고 커뮤니케이션하고 있습니다. 유튜브에서의 커뮤니케이션은 대부분은 구독자가 대상하고, 구독하는 사람 중에서는 업체 대표들도 있긴 하겠지만, 아이디만 봐서는 알 수도 없고, 영상 시청만 하는 유튜브 유저들은 자기가 티를 내지 않으면 사실 누군지도 알 수도 없습니다.

그런데 인스타그램은 유튜브와 완전히 다른 점이 있습니다. 유튜브는 블로그와 같습니다. 콘텐츠를 만드는 사람과 그걸 소비하는 층이 명확히 나뉘어 있습니다. 물론 채널을 운영하는 유튜버가 다른 채널도 구독하고 영상 시청을 하면 곧, 콘텐츠 제작자가 구독자라는 말을 할 수도 있으나, 그 비율이 매우 낮고 구독자가 유튜버가 되는 일도 흔한 일은 아닙니다. 영상을 촬영하고 편집하고 채널을 운영한다는 것이 만만치 않은 일이기 때문이기도 합니다.

인스타그램은 대한민국 캠핑씬의 특징인지는 모르겠으나 소규모 제작사(브랜드)가 많고, 마케팅을 업체 대표자가 직접 하는 사례가 흔합니다. 브랜드에 따라 규모가 있으면 아예 인하우스 마케팅팀이나 홍보 담당자가 있긴 하지만, 저자가 아는 범위 내에서는 5% 미만 수준입니다. 그래서 DM을 주고받다가 물어보면 홍보 담당이라고 대답할 때는 회사의 규모가 중소기업 정도의 수준은 되고, 제조사보다는 유통업체인 경우가 많습니다. 코로나 때 캠핑 붐을 타고 취급품을 캠핑으로 바꾸었을 뿐 원래 유통업은 대체로 규모가 있는 편이고, 마케팅도 내부에서 처리하는 회사가 많습니다. 요즘은 마케팅팀 없이 유통 브랜드를 할 수가 없는 세상이라 마케팅에 대한 이해도 높은 편입니다.

문제는 1인 회사나 규모가 아주 작은 브랜드입니다. 대부분 영세하고 직원이 없거나 마케팅 담당자 없이 대표들이 기획, 생산위탁, 품질관리, 배송, CS, 홍보 등 모든 일을 다 하고 있기에 마케팅을 배우거나 해볼 엄두도 못 내는 것이 현실입니다. 그래서 가장 콘텐츠 제작이 쉬운 편인 인스타그램을 홍보 채널로 이용하고는 있지만, 인스타그램에 대한 이해 없이 제품 사진만 올리는 온라인카탈로그의 용도로만 사용하고 있습니다.

제품력이 어마어마하다면 사실 사진 몇 컷과 편집도 하지 않고 막 찍어서 올린 릴스만으로 충분하다지만, 서류 봉투에서 쓱 꺼내는 맥북 같은 제품은 세상에 더 이상 존재하지 않습니다. 특히 대체재가 넘쳐나고, 서로 카피하고, 가격경쟁이 심한 분야에서는 인스타그램에 단순 사진만 올리는 행위는 사실 아무것도 하지 않는 것과 마찬가지일 정도로 그 효과가 미미합니다.

그래도 깨어 있는 대표들은 인스타그램을 하면서 열심히 다른 브랜드(경쟁사 포함)의 계정도 팔로우하고 콘텐츠를 참고하거나 이벤트 내용을 참고해서 그대로 운용하기도 합니다. 콘텐츠를 그대로 베끼는 것도 아니고, 타사의 제품 홍보방식을 자사의 제품 홍보방식에 사용하는 것은 누구나 그렇게 하는 겁니다. 그래서 리그램 이벤트를 하고 싶다면, 인스타그램에서 #리그램 #이벤트 같은 해시태그를 검색해보면 리그램 상태의 게시물도 보이고, 원본 게시물도 보입니다. 몇 개를 참고해서 재치 있게 적어놓은 글은 참고해서 써먹기도 해야 하고, 이벤트 방식이나 경품에 대한 정보도 참고하면 됩니다. 괜히 끙끙대며 작문할 필요도 없다는 것입니다.

사진을 잘 못 찍는다면 제품 사진을 잘 찍어줄 만한 사진가를 찾는 것이 아니라, 내 제품이 속한 카테고리의 인플루언서 중에서 사진을 잘 찍는 사람을 찾아내고, 제품을 제공하고, 필요하다면 사진 촬영비도 제공하면서 사진을 얻어내면 됩니다. 대부분 이건 인플루언서는 해당 카테고리의 제품을 많이 가지고 있으므로 여러분이 제공한 협찬품을 돋보이게 찍을 줄 아는 능력을 갖추고 있습니다. 스튜디오를 빌려서 소품을 다 마련하고 사진가를 섭외해서 사진을 찍는 것보다 훨씬 저렴하고 다양한 사진을 많이 건지는 방법입니다.

인플루언서는 너무나도 많고 쉽게 찾을 수 있고, 그리고 여러분의 협찬 제의에 긍정적이며, 또한 협찬받았다는 사실로도 행복해하는 사람들이 많습니다. 우리가 마이크로 인플루언서라고 부르는 사람들입니다. 말 그대로 팔로워 수가 적습니다. 보통 10만 ~ 1만 명 정도의 규모를 마이크로라고 부르지만, 요즘은 5000~3000 정도의 규모라도 어떤 특정한 카테고리에서만 인스타그램을 운영하는 초마이크로 인플루언서가 더 효과적이기 때문에 여러 개의 계정을 운영하는 인플루언서도 많습니다.

인스타그램으로 마케팅하고 싶다면, 직접 계정을 운영하는 방법도 있고, 인플루언서들과 협업해서 내가 콘텐츠를 생산할 필요 없이 인플루언서들에서 생산되는 콘텐츠로 내 계정을 채워나가는 방법도 있다는 것을 알고 있어야 합니다. 단순 제품협찬부터 콘텐츠 제작 비용(영상제작비 혹은 원고료)을 지급하는 형태, 일정 기간 계약을 맺고 콘텐츠 업로드를 보장하는 엠버서더 방식 등 인플루언서를 활용한 손대지 않고 코 푸는 방법을 설명해 드리려 합니다.

저자도 부캐인 캠핑 유튜버를 하면서 인스타그램에서 캠핑 인플루언서 활동을 하고 있으므로, 뜬구름 잡는 소리가 아닌 구체적으로 적용해볼 수 있는 방법과 노하우를 인플루언서와 업체, 양쪽 관점에서 모두 알려드리겠습니다.

인플루언서를 활용한 인스타그램 마케팅

인플루언서 마케팅에서 제일 중요한 점은 역시 나에게 맞는 적절한 규모의 인플루언서를 찾아내고 조건을 맞추는 것입니다. 대행사를 통해서 맡기는 방법도 있지만 대행 수수료도 발생하고, 맞지 않는 인플루언서가 연결되어 실제 효과가 거의 없을 수도 있습니다. 인플루언서는 단순히 제품을 받고 콘텐츠를 만들어주고 나 대신 내 제품을 홍보해주는 사람이 아닌, 내 제품을 좋아해 줄 수 있고 더 나아가 팬이 되어 줄 수 있는 사람이어야만 합니다.

협찬을 제안할 건강한 인스타그램 계정 찾아내는 방법

- 내 인스타그램 계정을 팔로잉 하는 사람
- 피드를 확인해보고 꾸준히 콘셉트가 유지되는 사람
- 콘텐츠 제작 실력 (피드의 사진과 릴스 영상)을 준수한 사람
- 게시물에 좋아요 숫자보다는 댓글이 많은 사람
- 팔로워를 확인해서 외국 가짜 계정의 팔로우가 없는 사람

우선 위 조건을 어느 정도 만족하는 계정을 찾아두고, 협찬할 제품(오프라인 매장이라면 서비스할 품목)을 선정합니다. 당연히 여러분이 홍보하고 싶은 제품 중에서 객단가가 높은 제품을 선택하는 것이 좋습니다. 한 개 팔아 천원 남는 제품보다는 만원 남는 제품을 정하시는 것이 유리합니다. 인플루언서를 통한 홍보는 구매 전환이 대량으로 발생하지 않습니다. 그리고 협찬은 한두 건 진행하는 것이 아니라 동시에 5~10명 정도를 진행해야 효과적이기 때문에 너무 비싼 제품을 협찬하는 것도 지양해야 합니다. 가성비는 좋지만, 마진이 높은 제품을 선택하는 건 인플루언서를 통한 마케팅에서도 마찬가지입니다.

저자가 위에서 나열한 조건들을 반대로 생각해보면, 협찬받고 싶은 인플루언서가 되려면 어떻게 인스타그램 계정을 운영하고 있어야 하는지와 일맥상통합니다. 즉, 건실하게 운영되는 인스타그램 계정이 인플루언서라는 것입니다.

팔로워 수가 많은 대형 계정은 그만큼 협찬가격이나 조건도 까다롭습니다. 제품협찬은 촬영을 위해서 당연하고, 계정에 올리기 위해서 비용도 내야 합니다. 얼마 전 뉴스를 떠들썩하게 장식했던, 연예인, 셀럽의 협찬 사기도 있었습니다. 협찬을 진행하면 당연히, 실제 계약서를 주고받기도 하고, 메일이나 DM 등으로 조건을 명시해둔 내용이 기록에 남아 있으므로, 구두계약이 성립한 것과 같습니다. 일부 질 나쁜 인플루언서는 갑질을 하기도 하고, 계약된 조건을 일방적으로 취소하기도 합니다. 그래서 저자는 대형 인플루언서보다는 마이크로 인플루언서를 여러 명 동시에 진행하는 것이 바람직하다고 생각합니다.

사람의 심리가 참 고약합니다. 유명세를 가지면 자신이 대단한 사람인 양 분명 어떤 계약조건에 따라서 홍보를 해주는 것이지만, 갑질을 하려는 마음이 들기 때문입니다. 그리고 일정 기간에 게시물 노출을 유지해야 하는 약속에도 불구하고, 자신의 계정이 급속도로 커지게 되면, 유명한 브랜드의 제품들로만 채우고 싶은 비뚤어진 욕망도 급속도가 커지게 되니, 예전에 계약했던 중소규모 브랜드의 제품이 더 이상 자신의 피드에 노출되는 것을 부끄럽게 생각합니다.

협찬을 진행할 때, 여러분들의 계정에 잘 맞는 건강한 인스타그램 계정을 리스트업 했다면, 그다음에는 협찬을 제안하는 일이 남았습니다. 작은 규모의 계정은 협찬을 처음 받는 경우도 허다합니다. 그래서 협찬이 들어오면 제품 이외에도 제작비(원고료)를 더 주는지부터 관심이 있는 사람도 있고, 줄다리기하려는 꼴값을 떠는 사람도 있습니다.

협찬 요청할 때는 분명히 제품만 제공하고, 제품 수령 후에 언제까지 업로드를 해야 하는지, 몇 번을 업로드 해야 하는지, 게시물 유지 기간은 언제까지인지, 해시태그를 어떤 것을 사용해야 하는지 꽤 자세하게 작성해서 DM을 보내야 합니다. DM을 보낼 때는 답변을 언제까지 해라는 안내도 하고, 협찬 제안된 내용 이외에는 추가 협찬이나 광고료는 없다는 것도 알려야 합니다. (어디서 못된 것만 배워서, DM을 받으면 돈부터 요구하거나 답변을 일부러 늦추면서 주변 지인들에게 협찬 들어왔다고 동네방네 떠들고 광고료를 얼마 뜯어낼지부터 확인하는 사람도 있습니다.)

협찬 요청을 할 땐, 정중하고 단호하게 제의를 해야 합니다. 즉, 부탁이 아니라 어떤 조건을 제안한다. 할 거냐 말 거냐 식으로 제안을 하기 바랍니다. 그리고 이야기가 오가더라도, 실제 계약이 되기 전까지는 얼마든지 취소해도 상관없습니다. 만약 협찬이 진행된다면 계약은 되도록 문서로 만들어두는 것이 좋습니다.

협찬을 제안하면 당연히 제품은 보내야 하는 것이지만, 제품이 너무 고가일 경우에는 회수를 조건으로 진행해도 됩니다. 제품을 가질 수도 원고료도 없지만, 제품 자체가 매력적이라면 얼마든지 인플루언서를 이용한 마케팅을 할 수 있습니다.

인플루언서 입장이든 제품을 제공하는 브랜드 입장이든 서로 조건이 맞으니 진행하는 것이지, 어느 한쪽이 부탁하거나 요청하는 일이 아닌 것만 똑바로 인지하고 있다면, 적은 비용으로도 효과적인 마케팅을 할 수 있다는 것을 기억하세요.

마이크로 인플루언서가 메가 인플루언서보다 유리한 점은 아무대로 팔로워 수가 적다 보니 팔로워들과 댓글이 활성화 되어 있다는 것이고, 협찬 진행 비용이 비교적 저렴하다는 것입니다. 연예인급 메가 인플루언서 한

명 진행할 비용으로 마이크로 인플루언서 100명과 협업을 할 수 있는 것입니다. 단일 게시물의 노출 횟수는 당연히 메가 인플루언서가 더 크겠지만, 생성되는 게시물은 1개입니다. 마이크로 인플루언서는 100명이면 100개가 동시다발적으로 여러분이 제시한 해시태그를 통해서 비슷한 기간 동안 인스타그램에 많이 노출됩니다. 어떤 결과가 더 많은 매출을 올려주느냐가 핵심은 아닙니다.

결국 인플루언서를 이용해서 마케팅한다는 것은 제품과 서비스를 그만큼 노출해서 브랜드 인지도를 쌓아가는 것일 뿐, 노출이 많다고 해서 매출도 보장된다고 여겨서는 안 됩니다.

마케팅을 제대로 이해하지 못하고, 마케팅과 홍보를 구분하지 못해서 발생하는 여러 문제 중에 가장 큰 부분을 차지하는 것이 바로, 광고비를 썼는데 왜 매출이 오르지 않느냐는 겁니다. 예전처럼 수요가 공급보다 더 큰 시절에는 어떤 제품이 출시되었다는 것만 알려도 불티나게 팔렸습니다. 하지만 요즘은 헝그리마케팅을 하지 않는 한 모든 물건은 공급이 더 많습니다. 대체재를 포함해서 너무 많은 물건이 생산되고 있습니다.

하루에 사람이 보는 광고의 개수가 3,000개가량이라고 합니다. 분명 노출이 잦으면 그만큼 인지도는 올라가지만, 결국 그 제품을 사느냐 마느냐는 다른 사람의 후기와 제품 자체의 매력도, 품질, AS 등 다양한 요인들이 작용해야 구매라는 최종단계를 통과할 수 있습니다.

대부분의 회사대표들은 이런 생각을 하는 것 같습니다. '이렇게 좋은 물건을 만들었는데, 이게 홍보만 좀 되면 불티나게 팔릴 건데, 홍보가 안 돼서 안 팔리는 거지 제품은 이만하면 괜찮은 편이지!', '경쟁사 제품은 우리 제품보다 완전 별로고 품질도 안 좋고 순전히 마케팅 잘해서 많이 파는 건데, 사람들이 뭘 모르는구먼!'

대표님 고객은 호구가 아닙니다. 경쟁사 제품이 잘 팔리는 건 마케팅을 잘해서가 아니라 대표님만 모르는 경쟁사 제품의 장점이 있기 때문입니다. 마케팅은 수단일 뿐, 품질도 별로고 가격도 비싼 제품이 마케팅을 잘했다고 잘 팔리겠습니까? 엉뚱한데 변명하지 마시고, 다시 제품부터 들여다보세요!

협찬을 잘 받는 인플루언서들의 노하우

인플루언서라고 언급하면 인스타그램에서 뭔가 특별한 계급인 것으로 오해하는 경우가 많은데 실제로는 인스타그램을 좀 열심히 해서 게시물 자주 올리고, 팔로워 좀 있는 계정을 관리하는 일반인일 뿐입니다.

진짜 인플루언서라면 말 그대로 사람들과 사회에 영향력을 끼칠 정도의 유력인사를 말하는 것이죠. 올바른 정치적 발언을 한다던지, 사회적 이슈에 캠페인을 벌인다든지 인류 성장에 이바지할 만한 사람들이 진정한 인플루언서라고 할 수 있습니다.

우리가 말하는 인스타그램에서 인플루언서는 그냥 자랑쟁이 정도의 수준이죠. 지름신의 충실한 하수인이라고도 할 수 있고, 자기 잘난 맛에 사는 사람이거나, 어떤 목적을 가지고 콘텐츠를 꾸준하게 발행하는 사람이라고 할 수 있습니다. 이런 인스타그램의 인플루언서들은 소상공인, 브랜드들에는 제품과 서비스를 대신 홍보해주는 멋진 매체가 되어주기도 합니다. 기업으로서는 힘들게 자체 마케팅 인력을 가지고 계정을 열심히 키우지 않아도 되는 외부의 마케팅팀이라고도 볼 수 있습니다. 어떤 식으로 활용하느냐에 따라서 체리피커가 될 수도 있겠지만, 잘만 활용하면 연예인, 셀럽보다 훨씬 값싸고 효율이 높은 광고판입니다.

저자가 캠핑이라는 취미로 인스타그램 계정을 운영하고, 협찬을 받고 해당 제품과 서비스를 대신 홍보해주는 게시물을 올리면서 주변에서도 이를 부러워하는 사람들이 많아졌습니다. 진짜 부러워하는 사람 말고도 시기 질투하는 사람도 있겠지만 어쨌든 자신도 그렇게 나름의 유명세를 활용해서 기업으로부터 협찬을 받고자 하는 마음이 있을 겁니다. 표현 방법의 차이일 뿐이라 생각합니다.

저자도 처음엔 쉽게 협찬받지 못했습니다. 다행인지 주변에 제조업이나 유통하는 지인들이 있어서, 캠핑과는 무관할지 몰라도 제품을 협찬해달라고 졸랐고, 지인 관계에 있으니 협찬받을 수 있었습니다. 캠핑 갈 때 가지고 가서 제품이 멋지게 보이게 사진도 찍어보고, 릴스 영상도 올리고, 캠핑 유튜브 채널에 올리는 영상에 포함해서 소개하기도 했습니다. 여러분도 협찬받고 싶다면 마음에만 두지 말고 직접 협찬해달라고 요청하면 됩니다. 이건 하느냐 마느냐의 문제일 뿐입니다. 결과는 거절과 승낙 둘 중 하나이고, 거절당한다면 또 다른 업체에 요청하면 됩니다. 타율이라고 표현해보자면 저자도 2할 정도 되는 것 같습니다.

업체에서는 팔로워의 규모와 관계없이 수많은 등급의 인플루언서로부터 협찬해달라는 요청을 자주 받게 됩니다. 아예 묵묵부답인 경우도 있을 것이고, 협찬 요청을 처음 받아보는 소상공인과 작은 규모의 기업, 브랜드도 있을 겁니다. 여러분이 인스타그램을 잘 운영하고 있고 팔로워도 많다면 역으로 협찬 제의를 많이 받게 될 겁니다. 하지만 그 정도 수준에 이르기까지 시간과 노력은 당연히 들어갑니다. 아직 규모는 크지 않지만, 협찬받아야 그 제품과 서비스로 인스타그램에 올릴만한 게시물도 있을 건데, 어떻게 하면 인플루언서라고 말하기도 어려운 소규모의 인스타그램 계정에서 협찬받을 수 있을까요? 다음부터 말하는 항목들을 잘 숙지하고, 한 번 시도해보시기 바랍니다.

1. **내돈내산으로 콘텐츠를 이미 올리고 있어야 합니다.** 당연하지만 인스타그램 계정 규모가 작아도 리뷰성, 홍보성 콘텐츠를 꾸준히 올리고 있다는 것이 피드를 통해 보여야 합니다. 이 책의 초반부터 목적성을 가지고 인스타그램을 일관되게 운영하라고 말했습니다. 매번 음식 사진만 올리던 계정 운영자가 갑자기 호텔 숙박권을 협찬받겠다고 요청한다면 거기에 응할 업체는 하나도 없습니다. 업체에서는 협찬 요청받으면 우선 뒷조사를 하게 됩니다. 팔로워 수, 게시물의 관련성, 팔로워

들의 피드백 상태 등 해당 계정에 협찬하게 되면 얻게 될 이득을 살펴본다는 것입니다. 따라서 협찬받고자 하는 계정에서는 적어도 펜션, 모텔, 리조트를 내돈내산하여 숙박업소 리뷰를 피드에 노출해두어야합니다. 평소에 여행을 좋아했었다면 어차피 자기 돈으로 숙박비를 냈을 것이니 잊지 않고 사진만 찍어두면 나중에라도 게시물을 올릴 때, 리뷰하는 콘셉트로 글을 쓰고 게시물을 올리는 건 어렵지 않습니다.

2. **협찬받고자 한다면, 먼저 제안해야 합니다.** 협찬해주세요! 이렇게 DM을 보내는 건 대단히 무례한 행동입니다. 협찬 받고자 하는 업체 계정을 팔로잉하고, 업체에서 올리는 게시물에도 좋아요와 댓글을 남겨두어야 합니다. 인스타그램 기능 중에 공유와 저장은 횟수만 확인할 수 있을 뿐 누가 했는지 확인할 수 없으니 좋아요와 댓글만 남기면 됩니다. 눈도장을 찍어두는 과정이 중요합니다. 만약 업체가 이벤트를 하고 있다면 참여도 해보고, 이벤트 당첨되지 않아도 다른 당첨자들을 축하하는 댓글도 달아두도록 합니다. 어느 정도 해당 업체에 관심이 있다는 것을 알리고 난 다음에는 직접 문을 두드려볼 단계입니다. DM을 보내는 방법이 제일 현명합니다. 협찬해주세요! 는 금물입니다. 아랫글을 참고해서 협찬 요청 글을 미리 작성해둡니다.

DM을 하루에 몇십 건을 발송하면, 계정 블락을 당할 수 있습니다. 협찬 요청 DM을 보낼 때는 3~5건 내외로 욕심부리지 말고 서서히 진행하는 것이 중요합니다. 그리고 원고료를 받고 싶은 욕망이 있어도 협찬을 여러분이 먼저 제안하는 입장에서는 절대로 '돈' 이야기는 꺼내면 안 됩니다. 제품협찬으로 점차 여러분의 계정에 인지도가 있는 브랜드가 쌓이게 되면 그 후에는 반대로 협찬 요청을 받게 되는 입장이 됩니다.

'안녕하세요. 저는 xxx 주제로 인스타그램을 하는 xxx입니다. 먼저 이렇게 불쑥 DM을 보내는 것이 혹 예의에 어긋나는 일이 아닐까 우려되지만, 저는 정말 xxx 브랜드를 좋아합니다. 제 계정에 xxx 브랜드의 제품(서비스)을 올리고 싶은데, 혹시 협찬할 수 있으시다면, 제 인스타그램을 한 번 봐주시고, 괜찮으시다면 답변을 주시면 감사하겠습니다. 저는 사진작가처럼 멋진 사진을 찍지는 못하지만, 제품을 멋지게 보일 수 있도록 최선을 다해서 촬영하고 있습니다. 그리고 제품 상세페이지를 연구해서 제품의 특장점을 기억하고 실제로 사용해보면서 개인적인 홍보 포인트도 고민해서 게시물을 올리고 있습니다. 업무가 바쁘신 중에도 DM 읽어주셔서 감사하고요. 저는 원고료나 일체의 비용을 받지 않습니다. 제품협찬만 해주시면 감사히 생각하고 제 피드에도 멋진 xxx 브랜드 제품을 홍보하는 게시물을 올릴 기회가 있었으면 좋겠습니다.'

3. **약속된 것보다 더 많은 것을 해주세요.** 협찬해주면서 조건을 정확하게 명시하고 계약서도 작성하는 업체도 많습니다. 게시물 1회, 릴스 1회 이런 식의 정량적 조건이라면 여러분은 계약조건은 채워놓으시고, 게시물을 올린 후에 저자가 알려드린 방법으로 게시물에 트래픽을 부어서 상위노출을 시켜보세요. 약 5,000원이면 충분합니다. 그리고 해시태그로 상위노출된 상태를 읽어 들여서, 게시물 링크와 함께 DM으로 보내주세요. 업체에서 제시한 해시태그 이외에도 여러분이 상위노출이 될만한 작은 키워드들을 몇 개 상위노출 시켰다면 업체에서도 놀라워할 겁니다. 저자가 이 책에서 알려드린 트래픽을 부어서 상위노출을 시키는 방법은 대부분 업체 대표나 내부 마케팅 담당자들은 모르는 방법입니다. 물론 이 책을

본 담당자라면 알 수도 있겠지만, 여러분이 굳이 트래픽을 부었단 것을 말할 필요는 없습니다. 상위노출을 만들어주면 여러분 계정에 도움이 되는 것이기 때문에 결론적으로는 나를 위해 돈을 쓴 것입니다.

4. 협찬해준 업체에게 감동을 주세요. 여러분들이 협찬받기 시작하면 이제 피드가 마치 광고판이 된 듯한 느낌이 들 것입니다. 이렇게 되면 팔로워도 잘 늘어나지 않고, 계정 운영 목적이 오로지 협찬과 돈을 벌기 위한 수단으로 전락한 듯한 느낌을 주게 됩니다. 그래서 협찬 광고 게시물과 일반 게시물의 비율을 적절하게 유지할 필요가 있고, 여러분이 여전히 내돈내산으로 게시물을 올리고 있다는 것도 사람들이 알아야 합니다. 협찬받았던 제품을 한 번만 노출하지 말고 다른 게시물에 함께 노출되게 해보세요. 배경으로 활용해도 좋습니다. 그리고 게시물을 올릴 때 해시태그도 같이 달고, 사람태그 기능을 사용해서 해당 업체 인스타그램에서도 여러분이 게시물을 또 올렸다는 것을 알게 해줍니다. 이미 계약조건은 달성했지만, 꾸준히 협찬받은 제품을 잘 사용하고 있고, 관심을 가지고 계속 홍보해주고 있다는 것을 보여줄 필요가 있습니다. 이렇게 게시물을 올릴 때, 사람태그 기능을 사용하면, 협찬해주었던 업체의 인스타그램 계정에 자동으로 게시물 링크가 보내집니다. 그러면 여러분들은 DM으로 안부도 묻고, 협찬해줬던 제품 여전히 잘 사용하고 있다고 주변에 홍보도 많이 하고 있다고 너스레라도 떨어보세요. (너무 구질구질하게 굴면 안 됩니다.) 이렇게 관계를 유지하면 나중에 새 제품이 나왔을 때, 혹은 업체에서 다시 한번 제품협찬을 하고 싶을 때 여러분을 먼저 찾게 될 것입니다. 여러분 저자가 알려드리는 방법이 협찬을 잘 받는 노하우라고 생각하시면 안 됩니다. 이건 기술을 알려드리는 게 아니라, 사람이 세상을 살아가는 방법, 인간과 인간의 관계를 발전시키는 방법, 너무나 당연한 사람 관계를 다시 한번 알려드리는 것입니다.

5. 원고료를 받을 때는 긴장해야 합니다. 여러분 계정이 협찬 제의받게 될 정도로 성장했다면, 어떤 업체는 단순히 제품협찬만 또 어떤 업체는 제품협찬과 원고료를 준다고 제안하기도 합니다. 또 다른 곳에서는 공동구매를 함께 추진해보자고 연락이 오게 됩니다. 저자는 이 시기가 가장 위험한 상태라고 강조하고 싶습니다. '돈'이라는 것이 사람 사이에 끼어들면, 갑을 개념이 명확해집니다. 계약조건도 성실하게 지켜야 하고, 여러분의 말실수 하나로 업체에는 피해를 줄 수도 있기 때문입니다. 인플루언서는 연예인은 아니지만, 계약서를 쓰는 순간, 여러분은 홍보하는 제품에 책임을 져야 합니다. 원고료를 받기 위해 좋지 않은 제품을 좋다고 말해야 하고, 그로 인해 피해를 보는 팔로워들이 생깁니다. 여러분은 인스타그램 계정을 키워나가면서 사람들에게 신뢰를 쌓아왔기 때문에 팔로워가 늘어난 것입니다. 즉 여러분이 하는 말을 믿는 사람, 혹은 나중에 문제가 터지면 책임을 지라는 사람도 있다는 것입니다. 원고료를 먼저 요구해도 됩니다. 업체가 제안한 원고료보다 더 큰 비용을 요구해도 됩니다.

계약이 성사되면 어차피 서로 좋은 겁니다. '돈'이라는 관계를 맺고 기브 앤테이크만 정확하게 한다면 아무 문제가 안 됩니다. 다만 업체에서는 원고료까지 냈으니 당연히 제품의 장점만 언급하라고 가이드라인을 정해두고 그대로 원고를 작성하기를 바랍니다. 이 조건을 수락하느냐 마느냐는 오로지 여러분이 결정해야 합니다. 내가 콘텐츠를 발행하는 것에 누군가의 입김이 닿는 것이 싫다면, 안 좋으면 별로라고 솔직하게 말하고 싶으면 해당 계약은 애초에 진행하지 않아도 됩니다. 혹은 리뷰용 제품을 먼저 받고, 아무 문제가 없다고 판단되면 그때 원고료를 받겠다고 해도 됩니다. 가이드라인을 거부해도 됩니다. 계약에 따라 책임 관계가 생기는 것이므로, 모든 사항을 항상 여러분께 유리하게 끌고 나가세요. 단, 돈을 받으면 그만큼 책임이 따른단 사실도 잊지 마시고요.

저자도 협찬받은 제품이 정말 별로였던 경우가 있습니다. 도저히 양심상 유튜브 채널이나 인스타그램에 홍보하고 싶은 마음이 전혀 생기지 않은 제품도 있었습니다. 그럴 땐 협찬을 해줬던 업체에 게시물을 못 올리겠다고 사유를 말하고, 제품을 반환하거나, 혹 음식이었다면, 제품값을 물어주고 계약을 취소하기도 했습니다. 해당 제품을 촬영하기 위해 제가 사용한 비용과 시간을 보상받지는 못하지만, 저자는 지금까지도 팔로워들에게 해가 될만한 제품을 제 인스타그램이나 유튜브에 올린 적이 없습니다.

업체에서 협찬받는다는 것은, 공짜로 물건을 얻는 개념이 아닙니다. 업체에서는 인플루언서의 행동거지로 인해 브랜드 이미지에 타격도 입을 수 있고, 인플루언서로서는 업체 때문에 본인의 계정이 나락으로 갈 수 있다는 것을 분명하게 인지하고, 조금이라도 미심쩍은 부분이 있다면 단호하게 거절할 수 있어야 합니다. 욕망과 돈은 같은 단어가 아닙니다. 욕망은 끊임없이 추구해야 하는 인간의 본성이지만, 우리는 결과 돈에는 질질 끌려다녀서는 안 될 것입니다. 이미 돈 때문에 망해버린 수많은 셀럽과 연예인들의 사례를 통해 교훈을 얻었길 바랍니다.

인플루언서 마케팅이 필요한
소상공인, 마케팅 담당자들께

저자가 앞서 인플루언서로서 협찬을 잘 받는 방법을 언급했습니다. 이 내용을 협찬해주는 업체 입장에서 꼭 읽어보고 이번 장과 비교해서 이해했으면 합니다. 앞서 언급한 인플루언서 마케팅과 연결되는 부분이니 간략하게 정리해서 설명하겠습니다. 협찬 요청받았을 때는 인플루언서의 계정 상태를 면밀하게 검토해보시고, YES or NO 중 하나만 결정하면 됩니다. 인플루언서는 계정을 더 키우고 원고료를 받는 수준까지 이르기 위해서 제품협찬 요청의 단계를 밟아나가게 됩니다. 그 과정에서 소비되는 협찬사가 되느냐 혹은 해당 인플루언서를 키워서 회사의 대외홍보요원으로 활용하는지는 업체의 활용방안에 달려 있습니다. 저자는 이왕이면 서로 이득을 얻는 행복한 결과만 있었으면 좋겠지만, 단발성 홍보에 그치고, 기대한 만큼의 마케팅 효과를 얻지 못하는 사례를 너무 많이 봐왔기 때문에, 협찬해주는 업체에서 이왕이면 가성비 좋은 인플루언서를 확보해서 브랜드를 키워가는 방법을 알려드릴까 합니다.

▶ **제품협찬은 신제품이 출시되었을 때, 대량의 콘텐츠로 인스타그램 해시태그를 도배하고 싶을 때, 제품 판매량이 저조할 시점에 진행하세요.**

이는 업체가 원하는 해시태그의 트래픽을 끌어올리는 방법과 같습니다. 하나의 계정으로만 트래픽을 부어서는 대형 해시태그는 상위노출을 하기 어렵습니다. 따라서 업체 계정에서 올리는 게시물에도 트래픽을 부어주고, 제품협찬을 해준 계정에서 올라오는 게시물에도 트래픽을 부어주면 여러 계정에서 같은 해시태그로 상위노출로 도배할 수 있습니다. 다만,

이 방법을 사용하기 위해서는 반드시 지켜야 할 사항이 있습니다. 첫 번째는 제품협찬을 해주면서, 게시물에 포함할 해시태그를 정해두고 적어달라고 명시해야 합니다. 두 번째는 인플루언서가 게시물을 등록시킬 시점을 미리 서로 합의해서 정해두고, 인플루언서에게 게시물을 올리자마자 게시물 URL을 받아서 바로 트래픽을 부어주세요. 협찬을 동시에 여러 인플루언서에게 했다면, 한꺼번에 트래픽을 부어주기 힘드니 적어도 한 시간 이상의 텀을 주고, 각각의 인플루언서에게서 발행되는 게시물에 트래픽을 부어야 합니다. 게시물에 트래픽을 부어주는 것은 반드시 보유하고 있는 계정에만 할 수 있는 것은 아니며, URL만 알면 어떤 인스타그램 게시물이든 가능합니다. 다만, 게시물을 올리고 시간이 한참 지나면 효과가 떨어져서 트래픽을 부어주는 일이 무용지물이 됩니다. 반드시 인플루언서가 게시물을 발행한 다음 즉시 트래픽을 부어주세요.

▶ **과도한 가이드라인은 오히려 인플루언서의 개성을 망치게 됩니다. 꼭 필요하다면 해시태그만 정해주어야 합니다**

저자가 제품협찬이든 원고료를 받든 절대로 하지 않는 협찬 제의 중 하나는 가이드라인 정해주고 그대로 하길 요구하는 경우입니다. 저자는 마케팅 업무에 경험이 많으니 업체의 마케팅 담당자, 혹은 대표가 인스타그램을 포함한 마케팅 방법을 잘 알고 있는지 아닌지 바로 알 수 있습니다. 심지어 글로벌 기업에서 협찬을 받았을 때도 과연 이 회사는 내부에 마케팅 부서가 있는지 의심이 들 정도로 이해가 되지 않는 가이드라인을 받았던 적도 있습니다. 이런 경우에 역제안해서 저자가 더 나은 방안을 제시하기도 했지만, 대부분 인플루언서는 가이드라인이 있는 경우에 마치 정답지를 받아서 그대로 베끼는 것처럼 자신의 개성은 쏙 빼두고, '나는 하라는 대로 다 했다.' 식의 게시물을 발행하게 됩니다. 10명의 인플루언서에게 협찬하면 그중에는 잘하는 사람도 있고 잘하지 못하는 사람도 있습니다. 그리고 굳이 단점을 언급하는 사람도 있긴 하겠지만, 팔이 안으로 굽는다고 대체로 단점은 말하지 않거나 에둘러서 표현합니다. 원고료를 받지 않아도 공짜로 제품을 받았으니 리뷰를 잘 해줘야겠다는 심리가 적용된 것입니다.

▶ 반드시 계약서를 만들고, 날인받아 둬야 합니다.

인스타그램은 진짜 계정도 있고, 부계정도 있습니다. 얼마든지 개인정보를 숨기려면 숨길 수 있습니다. 제품을 보내줘야 한다면, 인플루언서의 주소와 연락처를 확보한다고 생각하겠지만 배송지가 과연 그 사람의 등록 소재지가 맞는지 알 수은 없습니다. 계약서를 쓰고자 하면, 협찬받지 않겠다는 인플루언서는 일단 걸어야 합니다. 다음에 불미스러운 일이 생기는 것을 방지하자는 차원이니 협찬해주는 입장에서는 반드시 계약서를 받아야 합니다.

매장 방문으로 서비스를 제공하는 업체라면 방문한 사람의 인스타그램 계정도 현장에서 확인한다는 것을 사전에 알려주고, 신분증 확인도 해야 합니다. 이외에도 본인확인이 필요한 정보를 확보해주는 것이 좋습니다. 저자가 굳이 이런 것까지 이야기하는 것은 그만큼 업체를 대상으로 사기를 치는 인플루언서도 많다는 것을 알려주고 싶기 때문입니다. 계약서를 작성해야 한다는 조건 하나로만 인플루거지들을 많이 걸러낼 수 있습니다.

▶ 단발성 제품협찬보다는 이벤트를 꾸준히 기획하세요.

체리피커 속에서 찐 팔로워를 찾아내는 것은 어렵지 않습니다. 눈도장 많이 찍은 팔로워들을 이벤트 당첨자로 선정하면 됩니다. 계정을 건전하게 잘 키우면서 협찬받은 만큼 해주는 인스타그램 유저도 많습니다. 이벤트 상품에만 현혹되어 불나방처럼 모여드는 체리피커들, 이벤트 참여 전용 계정들도 여러분이 올린 게시물을 리그램하고 홍보해주는 공짜 홍보요원이라고 생각하면 됩니다. 결국 노력하는 계정은 계속 잘 될 수밖에 없습니다. 저자도 이벤트에 자주 참여하는 편입니다. 그리고 당첨 여부와 상관없이 이벤트 기간이 끝나면 리그램 게시물은 지웁니다. 인스타그램 피드를 깨끗하게 유지하고 싶기 때문입니다. 요행을 바라는 심리는 누구에게나 있고, 이벤트 상품의 가치가 클수록 더 많은 사람이 꼬입니다. 그리고 당첨자 선정에 더 주의를 기울여야 합니다.

분명히 공정성 운운하는 사람들이 있기 마련입니다. 하지만 공정성을 기한다고 랜덤으로 뽑아버리면 1등 상품은 결국 엉뚱한 사람이 받아 가고, 여러분 제품의 사진은 인스타그램에 올라오지도 않습니다. 이벤트에 선정되었다는 사실을 자랑하고, 보내준 제품을 인스타그램에 올려줄 사람을 골라서 뽑는 건 공정성의 문제가 아닙니다. 이벤트 기획을 할 때 어떤 방식으로 선정한다는 것을 알려주면 아무 문제 없습니다. 이벤트 기간 동안 팔로워가 급속하게 올라갔다가 당첨자 발표일이 되면 팔로워가 떨어져 나가는 건 당연하게 받아들이세요. 원래 그런 겁니다.

▶ 엠버서더를 운영하세요. 가장 효과적인 인플루언서 운용 방법입니다.

명품브랜드만 엠버서더를 둘 수 있는 건 아니죠? 소상공인, 작은 브랜드일수록 단발성 인플루언서 협찬보다는 내 브랜드와 꾸준히 소통해주고 도움을 받을 수 있는 엠버서더를 운영해보는 것이 효율 면에서 좋습니다. 제품 수량이 적어도 상관없었습니다. 엠버서더를 모집한다는 이벤트를 인스타그램에서 검색해보면 다양한 조건들을 볼 수 있습니다. 저자도 부산

사이다 총괄브랜드 디렉터로 ㈜핑크로더와 협업하고 있을 때, 적은 비용으로 효율을 챙길 수 있는 마케팅 방안들을 다양하게 진행했었는데, 그중 하나가 엠버서더였습니다. 총 10명을 선정하여 1년간 월 1회씩 부산사이다 6병을 제공했고, 엠버서더들은 블로그와 인스타그램에 정해진 발행 횟수만큼 콘텐츠를 올리는 계약이었습니다.

엠버서더 1기가 끝나고 다시 2기를 준비하고 있는데, 1기가 블로그와 인스타그램에 콘텐츠를 올리는 것에 집중했다면 2기는 인스타그램을 위주로 진행하면 효과적이겠다고 생각이 들었습니다. 블로그는 쌓아두는 콘텐츠라서 이제 검색만 하면 얼마든지 리뷰를 볼 수 있을 만큼 발행량을 달성해두었고, 부산사이다라는 키워드는 어차피 다른 업체에서는 사용하지 않는 고유어라서 키워드 상위노출 경쟁도 네이버에서 할 필요가 없어졌기 때문입니다. 인스타그램은 블로그보다 콘텐츠 제작이 쉬운 편이므로 발행량을 주 1회로 한다던지, 인스타그램을 도배하는 방법으로 전환하면 효율이 더 높아질 것으로 예상합니다.

엠버서더를 운영할 때는 고가의 제품을 제공하되 일정 기간 사용 후 돌려받는 조건을 두거나, 엠버서더 중에서 활발한 활동으로 브랜드에 도움이 되었다고 판단할 때는 몇 명을 선정해서 제품을 무상으로 제공하는 방법도 엠버서더가 적극적으로 콘텐츠를 만들게 되는 원동력이 될 수 있습니다.

비단 제품을 제조하는 업체가 아니어도 됩니다. 만약 식당을 운영하고 있다면, 월 1회 정도로 다양한 메뉴를 무상으로 제공하면서 6개월~ 12개월 정도로 기수별 운영도 할 수 있고, 콘텐츠는 엠버서더를 운영하는 업체에서 원하는 플랫폼에 콘텐츠를 쌓을 수 있도록, 블로그+인스타그램, 유튜브+인스타그램 이런 조건을 내걸면 됩니다.

엠버서더를 운영하면서 비용까지 지급하는 .예도 없진 않지만, 대체로 현물 성 대가를 지급합니다. 그리고 콘텐츠 발행은 엠버서더의 계정에도 올리지만, 홍보용으로 업체에서 직접 사용할 수도 있으므로, 계약상에 사진과 영상을 받는 조건을 추가하기도 합니다.

▶ 인플루언서 마케팅의 핵심은 홍보가 아니라, 소통이 목적이어야 해요

여러분이 인플루언서 마케팅을 하면서 궁극적으로 얻어내야 하는 건 그들이 유명세로 발행되는 콘텐츠의 정량적인 수치가 아닙니다. 여러분이 할 일을 대신해 주고 있는 또 하나의 마케팅팀이라고 생각한다면, 월급을 주는 대신 제품과 원고료를 주는 것이고, 그 대가로 여러분이 직접 해야 할 홍보를 해주는 것입니다.

분명 기브앤테이크의 관계지만, 제품에 대한 솔직한 피드백, 단점이 있다면 개선 할 수 있는 아이디어, 단점이지만 구매자가 받아들이는 부정적인 느낌을 줄이는 아이디어 등 실제 구매고객에게서 들을 수 없는 알짜 후기를 가감 없이 들을 수 있습니다.

굳이 만나서 들어볼 필요도 없습니다. 가끔 인스타그램 DM으로 대화하면서 관계를 유지하면 됩니다. 그중에 좋은 아이디를 제공하고 여러분의 브랜드를 적극적으로 홍보해주고, 팬으로 가까워지는 인플루언서가 있다면, 이제는 인플루언서가 아닌 적정 비용을 지불하고 회사의 전속 엠버서더로 활동을 하게 해도 됩니다.

인플루언서는 원래의 말뜻과는 다르게 요즘은 협찬을 잘 받는 인스타그램 유저 정도로 인식됩니다. 하지만 엠버서더는 운영하는 입장에서도 브랜드가 커지는 느낌이 들고, 엠버서더가 된 입장에서도 자신이 인스타그램에서 미치는 영향이 큰 것처럼 느껴집니다. 돈으로 살 수 없으니 어찌 보면 선택받은 소수라는 자긍심도 들 것이고 명예로운 활동이라고 보는 것이 맞겠지요.

인간은 누구나 대접받는 것을 좋아합니다. 명예욕이 있습니다. 결국 욕망입니다. 돈 이야기는 저급하다는 생각을 깔고 있지만, 돈 싫어하는 사람은 없습니다. 돈은 욕망의 대상은 아니지만, 욕망을 해소하는 데 도움을 줍니다. 돈으로 살 수 없는 것이 명예입니다. 여러분의 브랜드를 대신해서 홍보해줄 사람들을 명예로운 엠버서더로 만들고 추켜세우고 이야기를 들어주세요. 어렵지 않습니다. 하지만 그 효과는 돈으로 사는 것보다 몇백 배는 좋을 겁니다.

욕망의 인스타그램
집필을 마무리하며

인스타그램을 주제로 집필해야겠다고 마음먹은 지 1년이 지난 후에야 이 책을 만들게 되었습니다. 시중에 출간된 인스타그램 관련 서적을 대부분 다 읽어보고, 저자가 운영하는 계정에 적용해보고, 평소 관심이 없던 부분들도 알게 되었고, 다른 저자들의 노하우도 배울 수 있었습니다. 처음 집필을 생각했을 땐, 인스타그램으로 다이어리 꾸미기가 주제였습니다. 기능을 설명하고 따라서 배울 수 있는 실무 서적을 쓰기 시작하다가 인스타그램이 자주 업데이트하고 기능을 추가하면서, 인스타그램의 기능을 설명하는 책보다는 유튜브 채널에 올리는 편이 더 나은 방법이라 판단하고, 써났던 원고를 뒤엎기를 반복했습니다.

다시 집필하게 된 개기는 사람들이 왜 아직도 인스타그램에 매달리고 여전히 인스타그램이 마케팅의 도구로서 인기가 식지 않는지 깊게 생각하면서부터였습니다. 인스타그램은 인간의 욕망을 담고 있는 그릇이자 또 하나의 멀티버스라고 생각합니다. 더 나은 기술이 나오고 사람들의 관심사가 다른 플랫폼으로 옮겨갈 순 있겠지만, 아직 인스타그램이 우리 삶에 스며들어서 인간의 욕구와 욕망을 자극하고, 각종 사회문제를 일으키지만, 순기능과 역기능을 구분하고 적절하게 이용할 수 있는 것은 결국 사람이라고 생각합니다.

저자도 이 책으로 욕망을 분출하였습니다. 지적 허영심을 채우고, 이 책을 통해 더 많은 사람과 강연을 통해서 만나고, 같은 생각을 하는 사람들과 공감대를 형성하고, 다른 생각을 하는 사람들과 토론하고 싶었습니다.

1년 전 집필을 시작하면서부터 모아둔 원고의 대부분은 지금 저자가 인스타그램에 대해 가진 철학과는 맞지 않는 부분이 많아서 파기했습니다. 탈고를 하는 데까지 6일이 걸렸습니다. 모든 스케줄을 중단하고 하루에 10시간씩 카페에서 노트북과 씨름하며 글쓰기에만 매달렸습니다. 글을 쓰고, 다음 날 오전에는 전날 썼던 글을 다시 읽어보고 정리하면서 스스로 부족하다고 여기는 파트는 지우고 다시 썼습니다. 어려운 말, 잘난 채 하는 말은 다 지우고 반나절 만에 읽을 수 있는 책으로 만들기 위해 다듬고 또 다듬었습니다.

그동안 제자 출간했던 책은 모두 실무서였습니다. 페이지 수는 많아도 제 생각을 장문으로 쓸 필요가 없던 도서였고, 저자의 집필 경력에서 처음으로 약간의 실무서 느낌은 있지만 인문학 서적에 가까운 글을 쓰게 되었습니다. 부족한 부분이 많을 것이고, 저자의 주장을 뒷받침하는 충분한 자료들을 찾아서 증빙하지는 못했습니다. 객관성이 부족한 내용도 있습니다.

그래서 이 책은 인스타그램 실무도서가 아닌 에세이로 출간하려 합니다. 가볍게 읽을 수 있지만 무겁게 느껴주시면 좋겠다는 바람도 있습니다. 책에서 다룬 내용이 독자 여러분들의 생각과 다른 부분이 있다면 얼마든지 저자의 메일로 의견을 보내주시면 감사하겠습니다.

이메일 orangeki@naver.com
욕망의 인스타그램 저자 이동윤

욕망의 인스타그램

발　행 | 2023년 05월 05일
저　자 | 이 동 윤

펴낸곳 도서출판 윤들닷컴
출판사등록 2017.06.01.(제2017-000017호)
주 소 부산광역시 해운대구 선수촌로 146-4, 101-1202
전 화 010-9288-6592
이메일 orangeki@naver.com
ISBN 979-11-92581-07-1

www.yoondle.com
ⓒ 윤들닷컴 2008
본 책은 저작자의 지적 재산으로서 무단 전재와 복제를 금합니다.